クァク・スオク／キム・セミ／オ・セラ／ハン・インソク〔著〕

よくわかる

韓国語能力試験

TOPIK I

スリーエーネットワーク

ISBN 978-4-88319-916-7   C0087
Printed in Japan

はじめに

　本書は、韓国語能力試験・TOPIK Iの受験準備をしている皆さんのための教材です。TOPIK Iを受験しようとする方々の大半は語学学校や機関に頼らず一人で準備をしています。しかし独学のため、試験問題のパターンがよくわからずに失敗を繰り返したり、勉強方法がわからずに戸惑う人を多く見てきました。皆さんが準備に苦労し、孤軍奮闘する姿を見るたびに、私たちは韓国語教師として実に残念に思っていました。そこで、TOPIK Iに初めて挑戦される皆さんが、一つ一つ学んだことを復習しながら、試験準備ができるように助けたいという気持ちから、教材の執筆を始めました。

　本書は、執筆陣のこのような気持ちが結実したTOPIK対策の学習書です。これまで出題頻度が高かった語彙や重要文法を中心に問題を構成し、問題の中にTOPIK Iレベルの語彙約1,800語と初級文法をほとんど網羅しています。適切なテーマと充実した内容で構成された本書でしっかり学習すれば、期待以上の成果が得られると思います。また、反復学習が可能で、皆さんが苦手とする問題パターンのみを選んで解くことにより疑問を解決できるという点でも、極めて有用だと言えるでしょう。

　我々執筆者にとって、本書の執筆は実に挑戦ともいえるものでした。しかし、至らなさはさておき、皆さんのために最善を尽くして結果を得ようと努力しました。また、本書の完成度を高めるために、あらゆる労苦をいとわなかった出版関係者の方々に心より御礼申し上げます。このようなすべての努力の成果が、TOPIKの準備をする学習者の皆さんに少しでも役に立てば幸いです。

2021年3月
執筆者一同

目次

問題パターンを知ろう

듣기（聞き取り）

읽기（読解）

別冊
模擬試験（第1回～第3回）

本書について

1. 構成と内容

本冊：「問題パターンを知ろう」と模擬試験の解答、聞き取り試験の音声スクリプト、日本語訳

　　　「問題パターンを知ろう」では、1回分の模擬試験をとりあげて、問題指示文、例題、問題文（選択肢）、聞き取り問題の音声スクリプトに日本語訳をつけています。問題を解きながらTOPIK Iの問題の種類・パターン・特徴などを理解することを目的としています。

別冊：模擬試験3回分、解答用紙

Webコンテンツ：聞き取り試験の音声ファイル、

　　　模擬試験解答用紙

　　　https://www.3anet.co.jp/np/books/4508/

音声：上のサイトから、ダウンロードまたはストリーミング再生で、本書に記載の🔊))の番号と対応する音声ファイルをご利用ください。

　　　模擬試験は音声を通して聞くこともトラックごとに聞くこともできます。なお、実際の試験では、30秒程度の指示が流れた後、問題［1-4］の問題指示文が読まれます。

2. 学習方法

　まず、「問題パターンを知ろう」で問題の種類・パターン・特徴などを理解します。 問題のパターン で問題形式を理解した後、 📝問題を解いてみよう で問題を解きます。問題がよく理解できない場合は、 内容を確認しよう の 💡解答のヒント や、スクリプト、問題文（選択肢）の日本語訳を見ながら、内容を確認してください。ピンク色がついた部分は解答のポイントを示しています。

　問題の内容が理解できたら、模擬試験に挑戦します。模擬試験は、まず問題を解いてみて、よく理解できなかったり間違えたりした問題については、日本語訳や解答のヒントを見て、内容を確認します。模擬試験に出てきた知らない単語や表現をノートにまとめて覚えるのも有用でしょう。慣れてきたら、実際に試験を受けるように、時間を決めて問題を解いてみます。

3. 留意点

　本書は韓国Hangeul Park出版社から2021年に発行された〈TOPIK ON YouTube〉を日本の読者向けに編集して発行するものです。〈TOPIK ON YouTube〉と本書とでは、一部、問題および解説の内容や模擬試験の数が異なります。また、日本語訳は、日本の読者向けに理解しやすいよう、元の韓国語の文から一部表現を変えているところがあります。

　〈TOPIK ON YouTube〉には、聞き取り試験、および著者による解説の映像があり、YouTubeで公開されています。

http://qr.sisabooks.com/sisa_sub.html?pcode=602f43c49703f

本書『よくわかる　韓国語能力試験　TOPIK I』をお使いの方にもご利用いただけますが、これらの内容は〈TOPIK ON YouTube〉に基づいたものですので、視聴される際は以下の点にご留意ください。

　問題パターンを知ろう→〈TOPIK ON YouTube〉［第1回実戦模擬試験］に対応
　第1回模擬試験→〈TOPIK ON YouTube〉［第2回実戦模擬試験］に対応
　第2回模擬試験→〈TOPIK ON YouTube〉［第4回実戦模擬試験］に対応
　第3回模擬試験→〈TOPIK ON YouTube〉［第5回実戦模擬試験］に対応

　なお、これらのYouTubeの映像は予告なく変更および、配信停止になる可能性がありますので、ご了承ください。

　著者による解説映像のスクリプトおよび日本語訳は、https://www.3anet.co.jp/np/books/4508/で公開しています。

TOPIK（韓国語能力試験）について

1．韓国語能力試験の目的
- 韓国語を母語としない在外同胞・外国人に対する韓国語学習の方向性の提示および韓国語の普及拡大
- 韓国語使用能力を測定・評価し、その結果を韓国内大学留学および就業等に活用

2．受験対象者
韓国語を母語としない在外同胞・外国人のうち
- 韓国語学習者および韓国内大学への留学希望者
- 国内外の韓国企業および公共機関への就職希望者
- 外国の学校に在学中または卒業した在外国民

3．主管機関
大韓民国教育部国立国際教育院

4．試験の水準および等級
- 試験の水準：TOPIK I、TOPIK II
- 評価等級：6等級（1～6級）

TOPIK I		TOPIK II			
1級	2級	3級	4級	5級	6級
80点以上	140点以上	120点以上	150点以上	190点以上	230点以上

5．問題構成
1）水準別構成

試験水準	時間	領域／時間	形式	問題数	配点	配点総計
TOPIK I	1時間目	聞き取り（40分）	客観式	30	100	200
		読解（60分）	客観式	40	100	

試験水準	時間	領域／時間	形式	問題数	配点	配点総計
TOPIK II	1時間目	聞き取り（60分）	客観式	50	100	300
		筆記（50分）	主観式	4	100	
	2時間目	読解（70分）	客観式	50	100	

2）問題形式

①客観式問題（四択）

②主観式問題（筆記領域）

・文完成型（短い解答）：2問

・作文型：2問

－中級レベルの200～300字程度の説明文1問

－上級レベルの600～700字程度の論述文1問

6. 等級別評価基準

評価等級		評価基準
TOPIK I	1級	自己紹介・買い物・料理の注文など、生活に必要な基礎的な言語を駆使することができ、自分自身・家族・趣味・天気等、非常に身近な話題を理解し表現することができる。約800の基礎語彙と基本文法に対する理解をもとに、簡単な文を作ることができる。また、簡単な生活文や実用文を理解し、組み立てることができる。
	2級	電話・依頼など日常生活に必要な言語や、郵便局・銀行など公共施設の利用に必要な言語を駆使することができる。約1,500～2,000の語彙を利用して、身近な話題について段落単位で理解し表現することができる。公式的な状況と非公式な状況での言語を使い分けることができる。

TOPIK II	3級	日常生活を営むのに別段困難を感じず、各種公共施設の利用や社会的関係の維持に必要な基礎的言語を駆使することができる。 身近で具体的な題材はもちろん、自分に身近な社会的題材を段落単位で表現したり理解したりすることができる。 文語と口語の基本的特性を理解して使い分けることができる。
	4級	公共施設の利用や社会的関係の維持に必要な言語を駆使することができ、一般的な業務遂行に必要な言語をある程度駆使することができる。また、ニュース・新聞記事の比較的平易な内容を理解することができる。一般的な社会的・抽象的題材を比較的正確に理解し、流暢に使うことができる。 よく使われる慣用的表現や代表的な韓国文化に対する理解をもとに、社会・文化的な内容を理解し表現することができる。
	5級	専門分野における研究や業務遂行に必要な言語をある程度駆使することができ、政治・経済・社会・文化全般にわたり身近でない題材についても理解し表現することができる。 公式的・非公式的状況や、口語的・文語的状況に合わせて言語を適切に使い分けることができる。
	6級	専門分野における研究や業務遂行に必要な言語を比較的正確かつ流暢に駆使することができ、政治・経済・社会・文化全般にわたり身近でない話題についても理解し表現することができる。 ネイティブスピーカーの水準には及ばないものの、言語の駆使や意味表現には困難をきたさない。

7. 유의사항（注意事項）の訳（答案用紙の表紙の裏側に記載）

1. 試験開始指示があるまで問題を解かないでください。

2. 受験番号と姓名は正確に書いてください。

3. 答案用紙をしわにしたり毀損しないでください。

4. 答案用紙の氏名・受験番号および正解の記入には、コンピューター用ペンを使用してください。

5. 正解は答案用紙に正確に表示してください。

6. 問題を読むときは声を出さないようにしてください。

7. 質問があるときは手を上げて監督官が来るまで待ってください。

問題 1-4

問題のパターン

問題1-4は、質問を聞いて、適切な返答を選ぶ問題です。問題指示文と例題が読まれた後、問題1が始まります。

◀))) 1 〈問題指示文〉、〈例題〉、問題1-4

〈問題指示文〉

[1-4] 다음을 듣고 보기와 같이 물음에 맞는 대답을 고르십시오.

音声を聞いて、例題のように質問に合う返答を選びなさい。

보기 〈例題〉

가: 물이에요? 水ですか?

나: ＿＿＿＿＿＿＿＿＿＿＿＿

❶ 네, 물이에요.
　 はい、水です。

② 네, 물이 아니에요.
　 はい、水ではありません。

③ 아니요, 물이 좋아요.
　 いいえ、水がいいです。

④ 아니요, 물이 맛있어요.
　 いいえ、水がおいしいです。

問題を解いてみよう

1. ① 네, 안경이 싸요.
　 ③ 아니요, 안경이 없어요.
　 ② 네, 안경이 좋아요.
　 ④ 아니요, 안경이 아니에요.

2. ① 네, 학교가 없어요.
　 ③ 아니요, 학교에 안 가요.
　 ② 네, 학교에서 일해요.
　 ④ 아니요, 학교가 아니에요.

3. ① 주말에 갈 거예요.
　 ③ 도서관에 갈 거예요.
　 ② 시장에서 살 거예요.
　 ④ 백화점에서 살 거예요.

4. ① 아침에 만들었어요.
　 ③ 집에서 만들었어요.
　 ② 친구가 만들었어요.
　 ④ 김밥을 만들었어요.

内容を確認しよう

1. 안경이에요? メガネですか？
   ① はい、メガネが安いです。　　② はい、メガネがいいです。
   ③ いいえ、メガネがありません。　④ いいえ、メガネではありません。

2. 학교에 가요? 学校に行きますか？
   ① はい、学校がありません。　　② はい、学校で働きます。
   ③ いいえ、学校に行きません。　④ いいえ、学校ではありません。

3. 주말에 뭐 할 거예요? 週末に何をするつもりですか？
   ① 週末に行くつもりです。　　② 市場で買うつもりです。
   ③ 図書館に行くつもりです。　④ デパートで買うつもりです。

4. 이거 언제 만들었어요? これいつ作ったんですか？
   ① 朝作りました。　　② 友人が作りました。
   ③ 家で作りました。　④ キムパプ（キンパ）を作りました。

 解答のヒント

1. 答え方のパターン　네, ~이에요/예요.　はい、～です。
   아니요, ~이/가 아니에요.　いいえ、～ではありません。

2. 答え方のパターン　네, (장소)에 가요.　はい、(場所)へ行きます。
   아니요, (장소)에 안 가요. / 아니요, (장소)에 가지 않아요.
   いいえ、(場所)へ行きません。

3. 答え方のパターン　-(으)ㄹ 거예요　～するつもりです
   (장소)에 가다 / 오다　(場所)へ行く／来る
   (장소)에서 ~을/를 ~　(場所)で～を～する

4. 答え方のパターン　(시간)에 만들었어요　(時)に作りました。

解答　　　　　　　　　1. ❹　　2. ❸　　3. ❸　　4. ❶

問題5-6

問題のパターン

問題5-6は、相手の発言を聞いて、適切な返答を選ぶ問題です。問題指示文と例題が読まれた後、問題5が始まります。

🔊)) 2 〈問題指示文〉、〈例題〉、問題5-6

〈問題指示文〉

[5-6] 다음을 듣고 보기와 같이 이어지는 말을 고르십시오.

音声を聞いて、例題のように続く言葉を選びなさい。

보기〈例題〉

가: **안녕히 계세요.**　さようなら。（その場を立ち去る人が、その場にとどまる人に対して言う。）

나: ＿＿＿＿＿＿＿＿＿＿

① 말씀하세요.
　お話しください。

② 어서 오세요.
　いらっしゃいませ。

❸ 안녕히 가세요.
　さようなら。
　（その場を立ち去る人に対して言う。）

④ 안녕히 계세요.
　さようなら。
　（その場にとどまる人に対して言う。）

 問題を解いてみよう

5.　① 미안해요.
　　③ 괜찮아요.

　　② 고마워요.
　　④ 반가워요.

6.　① 네, 저도요.
　　③ 네, 알겠어요.

　　② 네, 전데요.
　　④ 네, 들어오세요.

14

5. 늦어서 미안해요.　遅れてすみません。

　① すみません。　　　　　　② ありがとうございます。

　③ 大丈夫です。　　　　　　④ うれしいです。

6. 여보세요? 민수 씨 계세요?　もしもし。ミンスさんいらっしゃいますか？

　① はい、私もです。　　　　② はい、私ですが。

　③ はい、わかりました。　　④ はい、お入りください。

解答のヒント

5. 　答え方のパターン

　미안해요.（すみません。）に対しては、괜찮아요.（大丈夫です。）と
　言う。

　고마워요.（ありがとうございます。）に対しては、아니에요.（いい
　え。）と言う。

問題パターンを知ろう

듣기（聞き取り）問題 5–6

解答　　　　　　　　　　　　　　　　　　　5. ❸　　6. ❷

問題7-10

問題のパターン

問題7-10 は、一往復の短い対話を聞いて、対話が行われている場所を選ぶ問題です。問題指示文と例題が読まれた後、問題7が始まります。

🔊 3 〈問題指示文〉、〈例題〉、問題7-10

〈問題指示文〉

[7-10] 여기는 어디입니까? 보기 **와 같이 알맞은 것을 고르십시오.**

ここはどこですか。 例題 のように当てはまるものを選びなさい。

┌─── 보기 〈例題〉 ───┐

가: 어떻게 오셨어요? ご用件は何ですか？

나: 이거 한국 돈으로 바꿔 주세요. これ韓国のお金に換えてください。

❶ 은행　② 시장　③ 도서관　④ 박물관
　　銀行　　　市場　　　図書館　　　博物館

└────────────────┘

問題を解いてみよう

7. ① 약국　② 서점　③ 박물관　④ 도서관

8. ① 빵집　② 극장　③ 식당　④ 약국

9. ① 택시　② 공항　③ 버스　④ 지하철

10. ① 회사　② 식당　③ 교실　④ 미용실

内容を確認しよう

7. 여자: 이 책 세 권 빌리려고요.

16

남자 : 네, 학생증 주세요.

女性 : この本3冊借りようと思うんですが。
男性 : はい、学生証をお願いします。

① 薬局　　② 書店　　③ 博物館　　④ 図書館

8. 남자 : 저기요, 김치 좀 더 갖다 주세요.
　　여자 : 네, 여기 있습니다.

　　男性 : すみません、キムチをもうちょっと持って来てください。
　　女性 : はい、どうぞ。

① パン屋　　② 劇場　　③ 食堂　　④ 薬局

9. 여자 : 시청으로 가 주세요.　　｜　　女性 : 市役所に行ってください。
　　남자 : 네, 알겠습니다.　　｜　　男性 : はい、わかりました。

① タクシー　　② 空港　　③ バス　　④ 地下鉄

10. 남자 : 어떻게 해 드릴까요?
　　여자 : 짧게 잘라 주세요.

　　男性 : どのようにしてさしあげましょうか？
　　女性 : 短く切ってください。

① 会社　　② 食堂　　③ 教室　　④ 美容室

💡 解答のヒント

8. 저기요（すみません）は食堂で店員を呼ぶときの言い方。여기요（すみません）とも言う。

9. ~(으)로 가 주세요 はタクシーで行き先を伝えるときの言い方。

解答　　　　　　　　　　7. ④　　8. ③　　9. ①　　10. ④

問題11-14

問題のパターン

問題11-14は、一往復の短い対話を聞いて、二人が何について話している
かを選ぶ問題です。問題指示文と例題が読まれた後、問題11が始まります。

🔊)) 4 〈問題指示文〉、〈例題〉、問題11-14

〈問題指示文〉

**[11-14] 다음은 무엇에 대해 말하고 있습니까? 보기와 같이 알맞은 것을
고르십시오.**

何について話していますか。例題のように当てはまるものを選
びなさい。

┌─────────────── 보기 〈例題〉 ───────────────┐

가: 누구예요? 誰ですか？

나: 이 사람은 형이고, 이 사람은 동생이에요.
 この人は兄で、この人は弟（妹）です。

❶ 가족   ② 친구   ③ 선생님   ④ 부모님
  家族   友人   先生   両親

└──┘

✎ 問題を解いてみよう

11. ① 이름   ② 직업   ③ 친구   ④ 국적

12. ① 약속   ② 장소   ③ 취미   ④ 초대

13. ① 나라   ② 직업   ③ 경험   ④ 위치

14. ① 초대   ② 명절   ③ 선물   ④ 계절

18

内容を確認しよう

11. 남자 : 어느 나라 사람이에요?
    여자 : 저는 영국 사람이에요.

    男性：どこの国の人ですか？
    女性：私はイギリス人です。

    ① 名前　　② 職業　　③ 友人　　④ 国籍

12. 남자 : 내일 영화 볼까요?
    여자 : 네, 좋아요.

    男性：明日映画を見ましょうか？
    女性：はい、いいですよ。

    ① 約束　　② 場所　　③ 趣味　　④ 招待

13. 남자 : 무슨 일을 해요?
    여자 : 학생들을 가르쳐요.

    男性：何の仕事をしていますか？
    女性：学生たちを教えています。

    ① 国　　② 職業　　③ 経験　　④ 位置

14. 남자 : 수미 씨 생일인데 뭘 살 거예요?
    여자 : 수미 씨는 꽃을 좋아해요. 그래서 꽃을 사려고 해요.

    男性：スミさんの誕生日ですが、何を買うんですか？
    女性：スミさんは花が好きです。それで花を買おうと思います。

    ① 招待　　② 祭日　　③ プレゼント　　④ 季節

解答　　11. ④　　12. ①　　13. ②　　14. ③

問題パターンを知ろう

聞き取り（聞き取り）問題 11-14

19

問題15-16

問題のパターン

問題15-16は、一往復の短い対話を聞いて、4枚の絵の中から対話が行われ
ている状況に合った絵を選ぶ問題です。例題はありません。

🔊)) 5〈問題指示文〉、問題15-16

〈問題指示文〉

[15-16] 다음 대화를 듣고 알맞은 그림을 고르십시오.

対話を聞いて、当てはまる絵を選びなさい。

問題を解いてみよう

15. ①  ②

③  ④

16. ①

②
③
④

 内容を確認しよう

15. 남자: 무겁지요? 제가 들어 드릴게요.
여자: 괜찮아요. 무겁지 않아요.
男性：重いでしょう。私が持ってあげましょう。
女性：大丈夫です。重くありません。

16. 남자: 어서 오세요. 우리 소파에 앉아서 차 한잔해요.
여자: 네, 감사합니다. 이거 선물이에요.
男性：いらっしゃい。ソファーに座ってお茶を一杯飲みましょう。
女性：はい、ありがとうございます。これプレゼントです。

💡解答のヒント
15. 女性が重い物を持っている。男性が女性を手伝いたくて尋ねている。
16. 女性が男性の家に来て、男性と話をしている。女性はプレゼントを渡そうとしている。

解答   15. ❷   16. ❷

問題パターンを知ろう

聞き取り）問題15-16
듣기（聞き取り）問題15-16

21

問題 17-21

問題のパターン

問題 17-21 は、少し長めの対話（二往復程度）を聞いて、対話の内容に合った文を選ぶ問題です。問題指示文と例題が読まれた後、問題 17 が始まります。

🔊 6 〈問題指示文〉、〈例題〉、問題 17-21

〈問題指示文〉

[17-21] 다음을 듣고 보기와 같이 대화 내용과 같은 것을 고르십시오.

　　　　対話を聞いて、例題のように対話の内容と同じものを選びなさい。

보기 〈例題〉

남자 : 편지를 써요?

여자 : 네, 동생한테 편지를 써요.

男性：手紙を書きますか？

女性：はい、弟（妹）に手紙を書きます。

① 남자는 동생입니다.　　　② 여자는 편지를 읽습니다.
　男性は弟です。　　　　　　女性は手紙を読みます。

③ 남자는 편지를 씁니다.　　❹ 여자는 동생이 있습니다.
　男性は手紙を書きます。　　　女性は弟（妹）がいます。

✏️ **問題を解いてみよう**

17. ① 남자는 약을 먹었습니다.
　　② 여자는 감기에 걸렸습니다.
　　③ 여자는 지난주부터 아팠습니다.
　　④ 남자는 여자와 같이 병원에 갈 겁니다.

22

18. ① 여자는 이미 기차표를 예매했습니다.
　② 남자는 내일 일이 있어서 못 갑니다.
　③ 두 사람은 내일 오후에 출발할 겁니다.
　④ 두 사람은 만나서 같이 기차역에 갈 겁니다.

19. ① 여자는 설악산에 가 봤습니다.
　② 두 사람은 지금 설악산에 있습니다.
　③ 남자는 바빠서 여행 갈 시간이 없습니다.
　④ 두 사람은 다음 주에 설악산에 갈 겁니다.

20. ① 여자는 매일 아르바이트를 합니다.
　② 두 사람은 편의점에서 만날 겁니다.
　③ 남자는 지금 아르바이트를 하고 있습니다.
　④ 여자는 남자에게 아르바이트를 소개해 줄 겁니다.

21. ① 여자는 남자를 도와줄 겁니다.
　② 여자는 불고기를 만들 줄 모릅니다.
　③ 남자는 여자의 집에 초대받았습니다.
　④ 남자의 친구는 매운 음식을 좋아합니다.

内容を確認しよう

17. 남자: 수미 씨, 어디 아파요? 얼굴이 안 좋아요.
　여자: 네, 어제부터 열도 나고 기침도 해요.
　남자: 약은 먹었어요? 빨리 병원에 가 보세요.

　男性：スミさん、どこか具合が悪いですか？ 顔色が良くないです。
　女性：はい、昨日から熱も出て咳もしています。
　男性：薬は飲みましたか。早く病院に行ってみてください。

　① 男性は薬を飲みました。
　② 女性は風邪をひきました。
　③ 女性は先週から具合が悪かったです。
　④ 男性は女性と一緒に病院に行くつもりです。

18. 남자: 수미 씨, 기차표 예매했어요?

여자: 지금 하고 있어요. 그런데 내일 오후 기차표가 없네요. 오전 10시 어때요?

남자: 내일 10시에는 못 갈 것 같은데요. 11시는 없어요?

여자: 있어요. 그럼 이걸로 예매할게요. 내일 학교 앞에서 만나서 같이 가요.

男性：スミさん、列車のチケット事前購入しましたか？

女性：今しています。でも明日午後の列車のチケットがありませんね。午前10時はどうですか？

男性：明日10時には行けそうもありません。11時はありませんか？

女性：あります。じゃあこれで事前購入しますね。明日学校の前で会って一緒に行きましょう。

① 女性はすでに列車のチケットを事前購入しました。

② 男性は明日仕事があって行けません。

③ 二人は明日午後に出発するつもりです。

④ 二人は落ち合って一緒に駅に行くつもりです。

19. 여자: 와, 하늘 좀 보세요. 정말 예뻐요.

남자: 한국의 가을은 하늘도 예쁘고 단풍도 정말 아름다워요. 작년 가을에 설악산에 갔는데 정말 좋았어요.

여자: 그래요? 저도 다음 주말에 설악산에 가 보려고요.

남자: 그럼 같이 가요.

女性：わあ、空をちょっと見てください。本当にきれいです。

男性：韓国の秋は空もきれいだし紅葉も本当に美しいです。昨年秋に雪岳山に行ったんですが、本当によかったです。

女性：そうですか？　私も次の週末に雪岳山に行ってみようと思います。

男性：じゃあ一緒に行きましょう。

① 女性は雪岳山に行ってみました。

② 二人は今雪岳山にいます。

③ 男性は忙しくて旅行に行く時間がありません。

④ 二人は来週雪岳山に行くつもりです。

20. 남자: 수미 씨, 수업이 끝나고 뭐 해요?

여자: 요즘 평일에 아르바이트를 하고 있어요.

남자: 그래요? 어디에서 일해요? 저도 아르바이트를 하고 싶어요.

여자: 지금 편의점에서 일해요. 지금 오후에 일할 사람을 찾고 있는데 이따가 저하고 같이 가 봐요.

男性: スミさん、授業が終わってから何をしますか?

女性: 最近平日にアルバイトをしています。

男性: そうですか? どこで働いていますか? 僕もアルバイトをしたいです。

女性: 今コンビニで働いています。今、午後に働く人を探しているのですが、後で私と一緒に行ってみましょう。

① 女性は毎日アルバイトをします。

② 二人はコンビニで会うつもりです。

③ 男性は今アルバイトをしています。

④ 女性は男性にアルバイトを紹介してあげるつもりです。

21. 남자: 여보세요? 수미 씨, 불고기 만들 수 있어요?

여자: 네, 그런데 왜요?

남자: 외국인 친구들을 집에 초대했는데 매운 음식을 잘 못 먹을 것 같아서 불고기를 준비하려고요.

여자: 그래요? 그럼 제가 가서 도와줄게요.

男性: もしもし。スミさん、プルゴギを作れますか?

女性: はい、でもどうしてですか?

男性: 外国人の友人たちを家に招待したんですが、辛い食べ物をあまり食べられなさそうなので、プルゴギを準備しようと思うんです。

女性: そうですか? じゃあ私が行ってお手伝いしますよ。

① 女性は男性を手伝ってあげるつもりです。

② 女性はプルゴギの作り方を知りません。

③ 男性は女性の家に招待されました。

④ 男性の友人は辛い食べ物が好きです。

| 解答 | 17. ❷ | 18. ❹ | 19. ❹ | 20. ❹ | 21. ❶ |

問題 22−24

問題のパターン

問題22−24は、少し長めの対話（二往復程度）を聞いて、一方の話し手（女性）が言いたいことを表した文を選ぶ問題です。例題はありません。

🔊)) 7〈問題指示文〉、問題22−24

〈問題指示文〉

[22−24] 다음을 듣고 여자의 중심 생각을 고르십시오.

　　　対話を聞いて、女性の中心となる考えを選びなさい。

問題を解いてみよう

22. ① 음식은 적당히 사야 합니다.
　　② 물건은 많이 사면 싸서 좋습니다.
　　③ 물건을 살 때 가격을 꼭 봐야 합니다.
　　④ 우유는 3일 동안 다 마실 수 있습니다.

23. ① 자동차로 출근하는 것이 편합니다.
　　② 지하철은 사람이 많아서 불편합니다.
　　③ 지하철은 빠르고 요금이 싸서 좋습니다.
　　④ 출근 시간에는 지하철보다 차가 더 빠릅니다.

24. ① 영화를 보면 기분이 좋아집니다.
　　② 영화는 외국어 공부에 좋은 방법입니다.
　　③ 영화는 모든 공부에 도움이 되지 않습니다.
　　④ 영화를 보면서 많은 것을 배울 수 있습니다.

22. 남자: 와, 우유가 5개에 3천 원이에요. 정말 싸네요.
    여자: 날짜를 보세요. 3일 동안 다 마셔야 돼요.
    남자: 그래도 2개 사는 것보다 싸니까 이걸로 사요.
    여자: 지난번에도 1개밖에 못 마시고 다 버렸어요. 1개만 사요.

    男性：わあ、牛乳が5つで3千ウォンです。本当に安いですね。
    女性：日付を見てください。3日間で全部飲まなければなりません。
    男性：でも2つ買うより安いので、これを買いましょう。
    女性：前回も1つしか飲めなくて全部捨てました。1つだけ買いましょう。

    ① 食べ物は適切に買うべきです。
    ② 物はたくさん買うと安くていいです。
    ③ 物を買うときは価格を必ず見なければなりません。
    ④ 牛乳は3日間で飲み切ることができます。

23. 여자: 출근 시간이라서 길이 많이 막히네요. 지하철이 더 빠를 것 같아요.
    남자: 지하철은 갈아타야 하고 사람도 많아서 불편해요.
    여자: 하지만 자동차로 가면 늦을 것 같아요. 지하철이 요금도 싸고 좋지 않아요?
    남자: 알겠어요. 그럼 우리 지하철로 가요.

    女性：出勤時間なので道がずいぶん渋滞していますね。地下鉄のほうが早そうです。
    男性：地下鉄は乗り換えなければならないし、人も多くて不便です。
    女性：でも自動車で行くと遅れそうです。地下鉄が料金も安くて良くありませんか？
    男性：わかりました。じゃあ地下鉄で行きましょう。

    ① 自動車で出勤するのが楽です。
    ② 地下鉄は人が多くて不便です。
    ③ 地下鉄は早くて、料金が安いのでいいです。

④ 出勤時間には地下鉄より自動車のほうが早いです。

24. 남자: 수미 씨, 또 영화 보고 있어요? 매일 영화만 보고 공부는 안 해요?

여자: 지금 외국 영화 보면서 외국어 공부하고 있어요.

남자: 영화가 공부에 도움이 돼요?

여자: 그럼요. 영화를 보면서 외국어를 공부하면 쉽고 재미있게 배울 수 있어요.

男性：スミさん、また映画を見ているんですか？ 毎日映画ばかり見て勉強はしないんですか？

女性：今、外国映画を見ながら外国語の勉強をしています。

男性：映画が勉強に役立ちますか？

女性：もちろんです。映画を見ながら外国語を勉強すれば、わかりやすく面白く学ぶことができます。

① 映画を見ると気分が良くなります。
② 映画は外国語の勉強に良い方法です。
③ 映画はすべての勉強に役立ちません。
④ 映画を見ながらたくさんのことを学ぶことができます。

解答のヒント

22. 女性が言いたいこと：食べ物を買いすぎてはいけません。適切に買わねばなりません。

23. 女性が言いたいこと：地下鉄が早いです。そして料金も安いです。

24. 女性が言いたいこと：映画は外国語の勉強に役立ちます。良い方法です。

解答　　　　　　　22. ❶　　23. ❸　　24. ❷

問題25-26

問題のパターン

問題25-26は、アナウンスやスピーチなど一人で話される内容を一つ聞いて、その内容に関する問いに答える問題です。問いは2問あり、試験用紙に書かれています。例題はありません。

🔊)) 8〈問題指示文〉、問題25-26

〈問題指示文〉

[25-26] 다음을 듣고 물음에 답하십시오.

音声を聞いて問いに答えなさい。

 問題を解いてみよう

25. 여자가 왜 이 이야기를 하고 있는지 고르십시오.
   ① 마트 물건을 소개하려고
   ② 마트 이용 방법을 안내하려고
   ③ 마트 물건 세일을 알려 주려고
   ④ 마트 이용 시간을 알려 주려고

26. 들은 내용과 같은 것을 고르십시오.
   ① 포도는 한 송이에 만 원입니다.
   ② 사과는 한 상자에 삼천 원입니다.
   ③ 과일 세일은 3시부터 시작합니다.
   ④ 과일 세일이 끝나고 고기도 싸게 팔 겁니다.

内容を確認しよう

여자: (딩동댕) 한국 마트를 찾아주셔서 감사합니다. 지금부터 3시까지 과일을 세일합니다. 맛있는 과일을 싸게 사고 싶으신 분들은 서둘러 주시기 바랍니다. 한 상자에 이만 원하는 포도를 한 상자에 만 원, 만 원에 드리겠습니다. 그리고 다섯 개에 오천 원하는 사과를 다섯 개에 삼천 원, 삼천 원에 드리겠습니다. 잠시 후 3시 반 부터는 고기도 세일을 합니다. 한국 마트를 이용해 주셔서 감사합니다.

女性：（ピンポンパン）韓国マートにご来店くださり、ありがとうございます。只今から3時まで果物をセール販売いたします。おいしい果物を安くお買い求めになりたい方はお急ぎください。1箱2万ウォンするブドウを1箱1万ウォン、1万ウォンでご提供いたします。また、5個で5千ウォンするリンゴを5個で3千ウォン、3千ウォンでご提供いたします。まもなく3時半からは肉もセール販売いたします。韓国マートをご利用くださりありがとうございます。

25. 女性がなぜこの話をしているのかを選びなさい。
    ① マートの商品を紹介しようとして
    ② マートの利用方法を案内しようとして
    ③ マートの商品セールを知らせようとして
    ④ マートの利用時間を知らせようとして

26. 聞いた内容と同じものを選びなさい。
    ① ブドウは1房で1万ウォンです。
    ② リンゴは1箱で3千ウォンです。
    ③ 果物のセールは3時から始まります。
    ④ 果物のセールが終わると肉も安く売る予定です。

| 解答 | 25. ❸ | 26. ❹ |

問題のパターン

問題27–30 は、長めの対話を聞いて、その内容に関する問いに答える問題です。一つの対話につき問いが2問あり、試験用紙に書かれています。例題はありません。

🔊 9 〈問題指示文〉、問題27–28
🔊 10 〈問題指示文〉、問題29–30

〈問題指示文〉

[27–30] 다음을 듣고 물음에 답하십시오.

音声を聞いて問いに答えなさい。

 問題を解いてみよう

[27–28] 다음을 듣고 물음에 답하십시오.

27. 두 사람이 무엇에 대해 이야기를 하고 있는지 고르십시오.
    ① 상품 주문
    ② 상품 교환
    ③ 상품 환불
    ④ 상품 취소

28. 들은 내용과 같은 것을 고르십시오.
    ① 여자는 남자에게 연락할 겁니다.
    ② 여자는 신발을 교환하려고 합니다.
    ③ 남자는 직접 신발을 사러 왔습니다.
    ④ 남자는 파란색 운동화를 주문했습니다.

[29-30] 다음을 듣고 물음에 답하십시오.

29. 여자가 TV 프로그램에 나가고 싶은 이유를 고르십시오.

① 선생님을 찾고 싶어서

② 연예인이 되고 싶어서

③ 동생이 TV에 나가라고 해서

④ 아픈 친구를 도와주고 싶어서

30. 들은 내용과 같은 것을 고르십시오.

① 남자는 만나고 싶은 사람이 있습니다.

② 남자는 선생님에게 선물을 받았습니다.

③ 여자는 어렸을 때 건강이 안 좋았습니다.

④ 여자는 태어난 곳에서 계속 살고 있습니다.

内容を確認しよう

[27-28] 音声を聞いて問いに答えなさい。

여자 : 안녕하세요? 한국 홈쇼핑입니다. 무엇을 도와 드릴까요?

남자 : 텔레비전으로 신발을 보고 있는데요. 하얀색 운동화 270 사이즈를 주문하고 싶어서요.

여자 : 먼저 상품부터 확인해 드리겠습니다. (잠시 후) 죄송합니다. 고객님, 270 사이즈는 없습니다. 다른 색은 어떠세요?

남자 : 그럼 파란색으로 주세요. 그런데 혹시 물건을 받고 마음에 안 들면 교환할 수 있어요?

여자 : 네, 교환하고 싶으시면 다시 전화를 주세요.

女性 : こんにちは。韓国ホームショッピングです。ご用件は何でしょうか?

男性 : テレビで靴を見ているんですが。白の運動靴の27.0センチのサイズを注文したくて。

女性 : まず商品から確認いたします。(しばらく後に) 申し訳ありません。お客様、27.0のサイズはありません。他の色はいかがでしょうか?

男性 : では青をください。ところで、もし品物を受け取って気に入らなければ交換できますか?

女性：はい、交換されたければまたお電話ください。

27. 二人が何について話をしているのかを選びなさい。
    ① 商品の注文
    ② 商品の交換
    ③ 商品の払い戻し
    ④ 商品のキャンセル

28. 聞いた内容と同じものを選びなさい。
    ① 女性は男性に連絡するつもりです。
    ② 女性は靴を交換しようとしています。
    ③ 男性は直接靴を買いに来ました。
    ④ 男性は青の運動靴を注文しました。

[29-30] 音声を聞いて問いに答えなさい。

남자: 와, TV 좀 보세요. 20년 전 초등학교 선생님을 만났어요.

여자: 정말요? 저도 저 프로그램에 나가 보고 싶네요.

남자: 수미 씨도 찾고 싶은 사람이 있어요?

여자: 네, 선생님을 찾고 싶어요. 제가 초등학교 때 많이 아팠어요. 그때 그 선생님이 저를 많이 도와주셨어요.

남자: 와, 정말 좋은 선생님이시네요. 그런데 지금 연락이 안 돼요?

여자: 네, 여기로 이사 온 후에 연락처를 잃어버렸어요.

男性：わあ、テレビちょっと見てください。20年前の小学校の先生に会いましたよ。

女性：本当ですか？ 私もあの番組に出てみたいですね。

男性：スミさんも探したい人がいますか？

女性：はい、先生を探したいです。私は小学校のころとても病弱だったんです。そのときその先生が私をずいぶん助けてくれました。

男性：わあ、本当に良い先生ですね。ところで今連絡は取れないんですか？

女性：はい、ここに引っ越してきた後に連絡先をなくしてしまいました。

29. 女性がテレビ番組に出たがる理由を選びなさい。

　　① 先生を探したいので

　　② 芸能人になりたいので

　　③ 弟（妹）がテレビに出ろと言うので

　　④ 病気の友人を助けたいので

30. 聞いた内容と同じものを選びなさい。

　　① 男性は会いたい人がいます。

　　② 男性は先生にプレゼントをもらいました。

　　③ 女性は子供のころ健康状態が良くありませんでした。

　　④ 女性は生まれたところでずっと暮らしています。

| 解答 | 27. ❶ | 28. ❹ | 29. ❶ | 30. ❸ |

問題のパターン

問題31-33 は、2文程度の短い文章を読んで、その文章が何について述べたものか選ぶ問題です。

〈問題指示文〉

[31-33] 무엇에 대한 이야기입니까? 보기와 같이 알맞은 것을 고르십시오.

何についての話ですか。例題のように当てはまるものを選びなさい。

┌─ 보기〈例題〉─┐

사과가 있습니다. 그리고 배도 있습니다.

リンゴがあります。そしてナシもあります。

① 요일　② 날짜　❸ 과일　④ 얼굴

曜日　　日付　　果物　　顔

問題を解いてみよう

31. 친구는 눈이 큽니다. 그런데 입은 작습니다.

① 얼굴　② 나이　③ 성격　④ 건강

32. 저는 불고기를 좋아합니다. 불고기는 맛있습니다.

① 취미　② 요일　③ 공부　④ 음식

33. 저는 축구를 잘합니다. 동생은 농구를 잘합니다.

① 운동　② 날씨　③ 과일　④ 숙제

 内容を確認しよう

31. 友人は目が大きいです。でも口は小さいです。
　　① 顔　　② 年齢　　③ 性格　　④ 健康

32. 私はプルゴギが好きです。プルゴギはおいしいです。
　　① 趣味　　② 曜日　　③ 勉強　　④ 食べ物

33. 私はサッカーが上手です。弟（妹）はバスケットボールが上手です。
　　① 運動　　② 天気　　③ 果物　　④ 宿題

| 解答 | | 31. ❶ | 32. ❹ | 33. ❶ |

問題 34-39

問題のパターン

問題34-39は、2文程度の短い文章の一部が空欄になっており、そこに入る言葉を選ぶ問題です。

〈問題指示文〉

[34-39] 보기와 같이 ( )에 들어갈 가장 알맞은 것을 고르십시오.

例題のように（　　）に入る最も適当なものを選びなさい。

보기 〈例題〉

눈이 나쁩니다. (　　)을 씁니다.

目が悪いです。（　　）をかけます。

① 사전	② 수박	❸ 안경	④ 지갑
辞典	スイカ	メガネ	財布

問題を解いてみよう

34. 내일부터 방학입니다. 그래서 수업이 (　　).

　　① 없습니다　　② 많습니다　　③ 어렵습니다　　④ 재미있습니다

35. 날씨가 흐립니다. 비가 (　　).

　　① 불 겁니다　　② 많을 겁니다　　③ 그칠 겁니다　　④ 내릴 겁니다

36. 커피숍에 자주 갑니다. 커피숍(　　) 친구를 만납니다.

　　① 은　　② 을　　③ 에　　④ 에서

37. 저는 한국어를 안 배웠습니다. 그래서 한국어를 (　　) 할 줄 모릅니다.

① 조금　　② 전혀　　③ 아주　　④ 이미

38. 주말마다 영화를 봅니다. (　　)에 자주 갑니다.

① 극장　　② 가게　　③ 서점　　④ 은행

39. 어제는 배가 아팠습니다. 그래서 집에서 (　　).

① 갔습니다　　② 샀습니다　　③ 쉬었습니다　　④ 먹었습니다

✏️ 内容を確認しよう

34. 明日から学校は休みです。それで授業が（　　）。

① ありません　　② 多いです　　③ 難しいです　　④ 面白いです

35. 天気が曇っています。雨が（　　）。

① 吹くでしょう　② 多いでしょう　③ 止むでしょう　④ 降るでしょう

36. コーヒーショップによく行きます。コーヒーショップ（　　）友人に会います。　＊選択肢の訳は省略。解答のヒントを参照。

37. 私は韓国語を習いませんでした。それで韓国語が（　　）できません。

① 少し　　② まったく　　③ とても　　④ すでに

38. 週末のたびに映画を見ます。（　　）によく行きます。

① 映画館　　② 店　　③ 書店　　④ 銀行

39. 昨日はお腹が痛かったです。それで家で（　　）。

① 行きました　　② 買いました　　③ 休みました　　④ 食べました

💡 **解答のヒント**

36. コーヒーショップで友人に会いますという意味になる。動作が行われる場所につく助詞を選ぶ。

解答	34. ❶	35. ❹	36. ❹	37. ❷	38. ❶	39. ❸

問題のパターン

問題40−42 は、お知らせやメモなどの生活でよく見かける短い文章から情報を読み取り、内容と合っていないものを選ぶ問題です。

〈問題指示文〉

[40−42] 다음을 읽고 맞지 <u>않는</u> 것을 고르십시오.

次を読んで、合って<u>いない</u>ものを選びなさい。

問題を解いてみよう

40.

승차권	KTX

부산 → 서울

8월 17일 18:30 ▶ 21:00
요금 52,500원

① 8월 17일에 출발합니다.
② 부산에서 서울까지 갑니다.
③ 표는 한 장에 52,500원입니다.
④ 오후 6시 30분에 부산에 도착합니다.

41.

초대장

윤수의 첫 생일 파티에 초대합니다.
오셔서 축하해 주세요.

 날짜: 2025년 11월 28일 13:00
장소: 한국 빌딩 5층

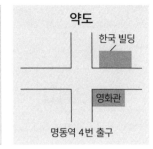

약도

한국 빌딩

영화관

명동역 4번 출구

① 윤수는 11월에 태어났습니다.
② 생일 파티는 오후에 시작할 겁니다.
③ 윤수는 작년에도 생일 파티를 했습니다.
④ 한국 빌딩은 영화관 건너편에 있습니다.

42.

〈지갑을 찾습니다!〉

저는 어제 화장실에서 지갑을 잃어버렸습니다.
제 지갑은 검은색입니다.
지갑 안에 돈, 학생증, 가족사진이 있습니다.
제 지갑을 보신 분은 연락해 주세요.

전화번호: 010-5666-2341 스티븐

① 지갑은 까만색입니다.
② 지갑 안에 현금이 있습니다.
③ 이 사람은 지갑을 찾았습니다.
④ 지갑을 찾으면 전화해야 합니다.

♪ 内容を確認しよう

40.

乗車券	KTX

釜山 → ソウル

8月17日　18:30 ▶ 21:00

料金 52,500ウォン

① 8月17日に出発します。

② 釜山からソウルまで行きます。

③ チケットは1枚で52,500ウォンです。

④ 午後6時30分に釜山に到着します。

41.

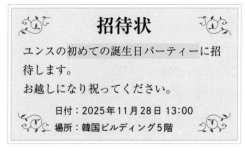

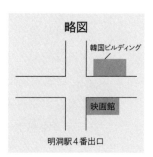

① ユンスは11月に生まれました。

② 誕生日パーティーは午後に始まるでしょう。

③ ユンスは昨年にも誕生日パーティーをしました。

④ 韓国ビルディングは映画館の向かい側にあります。

42.

〈財布を探しています！〉

私は昨日トイレで財布をなくしました。

私の財布は黒色です。

財布の中にはお金、学生証、家族の写真があります。

私の財布を見た方はご連絡ください。

電話番号：010-5666-2341 スティーブン

① 財布は黒色です。

② 財布の中には現金があります。

③ この人は財布を見つけました。

④ 財布を見つけたら電話しなければなりません。

💡解答のヒント

40. 釜山発ソウル着のチケット

41. 첫は「初めての」という意味。

42. ③ 이 사람（この人）はこのお知らせ文を出したスティーブンを指す。

| 解答 | 40. ❹ | 41. ❸ | 42. ❸ |

問題のパターン

問題43-45は、3文程度の文章を読んで、その文章の内容に合った文を選ぶ
問題です。

〈問題指示文〉

[43-45] 다음의 내용과 같은 것을 고르십시오.

次の内容と同じものを選びなさい。

 問題を解いてみよう

43.　　저는 축구를 좋아합니다. 그래서 주말마다 집에서 축구 경기를 보거나
경기장에 가서 봅니다. 하지만 축구를 잘 못해서 축구하는 건 별로 안 좋
아합니다.

① 저는 축구를 잘합니다.
② 저는 집에서만 축구를 봅니다.
③ 저는 축구 보는 걸 좋아합니다.
④ 저는 다음 주말에도 축구하러 갈 겁니다.

44.　　내일 날씨가 좋으면 친구하고 한강 공원에 갈 겁니다. 친구가 음식을
만들어 오고, 저는 카메라를 가져갈 겁니다. 우리는 자전거도 타고 사진
도 많이 찍을 겁니다.

① 친구는 음식을 사 올 겁니다.
② 지난 주말에 한강 공원에 갔습니다.
③ 카메라가 없어서 사진을 못 찍습니다.
④ 한강 공원에서 자전거를 탈 수 있습니다.

45.　집에 안 쓰는 물건이 많이 있습니다. 다 깨끗하지만 저한테는 필요 없는 것입니다. 그래서 저는 이 물건들을 필요한 사람에게 그냥 주고 싶습니다.

① 저는 인터넷에서 물건을 팔 겁니다.

② 저는 안 쓰는 물건은 모두 버릴 겁니다.

③ 저는 사람들에게 물건을 무료로 줄 겁니다.

④ 저는 친구들에게 필요한 물건을 받았습니다.

内容を確認しよう

43.　私はサッカーが好きです。それで週末のたびに家でサッカーの試合を見たり、競技場に行って見たりします。でもサッカーが下手なので、サッカーをするのは別に好きではありません。

① 私はサッカーが上手です。

② 私は家でだけサッカーを見ます。

③ 私はサッカーを見るのが好きです。

④ 私は次の週末にもサッカーをしに行くつもりです。

44.　明日天気が良ければ友人と漢江公園に行くつもりです。友人が食べ物を作ってきて、私はカメラを持って行くつもりです。私たちは自転車にも乗り、写真もたくさん撮るつもりです。

① 友人は食べ物を買ってくるつもりです。

② 先週末に漢江公園に行きました。

③ カメラがないので写真を撮れません。

④ 漢江公園で自転車に乗ることができます。

45.

> 　家に使っていない物がたくさんあります。すべてきれいですが、私には必要ないものです。それで私はこれらの物を必要な人にただであげたいです。

① 私はインターネットで物を売るつもりです。

② 私は使っていない物はすべて捨てるつもりです。

③ 私は人々に物を無料であげるつもりです。

④ 私は友人たちから必要な物をもらいました。

問題46-48

問題のパターン

問題46-48は、3文程度の文章を読んで、その文章で書き手が言いたいことを表した文を選ぶ問題です。

〈問題指示文〉

[46-48] 다음을 읽고 중심 생각을 고르십시오.

次を読んで、中心となる考えを選びなさい。

 問題を解いてみよう

46.　　저는 바빠서 1년 동안 고향에 못 갔습니다. 그래서 다음 주말에 부모님께서 한국에 오시기로 했습니다. 빨리 주말이 오면 좋겠습니다.

① 저는 요즘 일이 바쁩니다.

② 저는 고향에 가고 싶습니다.

③ 저는 부모님이 빨리 보고 싶습니다.

④ 저는 1년 동안 한국에서 살았습니다.

47.　　한국에 처음 왔을 때 한국어를 잘 못해서 정말 힘들었습니다. 그때 한국 친구가 저를 많이 도와줬습니다. 지금도 그 친구와 친하게 지냅니다.

① 저는 한국어를 잘 못합니다.

② 저는 친구를 많이 도와줬습니다.

③ 저는 이번에 한국에 처음 왔습니다.

④ 저는 한국 친구 덕분에 한국에서 잘 지냅니다.

48.   저는 커피를 좋아합니다. 그런데 요즘 커피를 많이 마셔서 잠을 잘 못
잡니다. 그래서 이제부터 하루에 한 잔만 마시기로 했습니다.

① 저는 커피가 정말 좋습니다.
② 저는 커피를 많이 안 마실 겁니다.
③ 저는 커피를 마셔도 잠이 잘 옵니다.
④ 저는 커피를 더 많이 마시고 싶습니다.

✐ 内容を確認しよう

46.   私は忙しくて1年間故郷に行けませんでした。それで、次の週末に
両親が韓国に来ることにしました。早く週末が来たらいいです。

① 私は最近仕事が忙しいです。
② 私は故郷に行きたいです。
③ 私は両親に早く会いたいです。
④ 私は1年間韓国に住んでいました。

47.   韓国に初めて来たとき、韓国語が上手にできなくて本当に大変でした。
そのとき韓国の友人が私をよく助けてくれました。今もその友人と親
しく過ごしています。

① 私は韓国語が上手ではありません。
② 私は友人をよく助けてあげました。
③ 私は今回韓国に初めて来ました。
④ 私は韓国の友人のおかげで韓国で元気に過ごしています。

48.   私はコーヒーが好きです。でも最近コーヒーをたくさん飲むのでよ
く眠れません。それでこれから1日に1杯だけ飲むことにしました。

① 私はコーヒーが本当に好きです。
② 私はコーヒーをたくさん飲まないつもりです。
③ 私はコーヒーを飲んでもよく眠れます。
④ 私はコーヒーをもっとたくさん飲みたいです。

解答のヒント

47. ④ ~ 덕분에 （～のおかげで）

　　例 친구가 저를 도와줬습니다. 친구 덕분에 잘 지냅니다.

　　　　友人が私を助けてくれました。友人のおかげで元気に過ごして
　　　　います。

　　関連表現

　　~ 때문에 （～のために、～のせいで）

　　例 친구가 약속에 늦었습니다. 친구 때문에 기분이 나쁩니다.

　　　　友人が約束に遅れました。友人のせいで気分が悪いです。

解答　　　　　　　46. ❸　　47. ❹　　48. ❷

問題のパターン

問題49－56は、4文程度の文章を読んで、二つの問いに答えます。一つは文章の空欄に入る言葉を選ぶもの、もう一つは文章の内容に合った文を選ぶものです。文章は四つあります。

〈問題指示文〉

[49－56] 다음을 읽고 물음에 답하십시오.

　　　　　　次を読んで問いに答えなさい。

 問題を解いてみよう

[49－50] 다음을 읽고 물음에 답하십시오.

> 　처음에는 사람들이 가격이 비싼 물건을 살 때 카드를 사용했습니다. (㉠) 요즘은 편의점에서 싼 물건도 카드로 살 수 있습니다. 그래서 현금보다 카드를 많이 사용합니다. 이렇게 현금을 쓰는 일이 적어지면 앞으로는 현금이 없어질 것 같습니다.

49. ㉠에 들어갈 알맞은 말을 고르십시오.
　　① 그리고　　② 그러나　　③ 그래서　　④ 그러면

50. 이 글의 내용과 같은 것을 고르십시오.
　　① 비싼 물건은 카드로 사야 합니다.
　　② 요즘은 카드만 사용할 수 있습니다.
　　③ 요즘 사람들은 카드를 많이 사용합니다.
　　④ 편의점에서는 현금을 사용하기 힘듭니다.

[51-52] 다음을 읽고 물음에 답하십시오.

우리 도서관은 월요일부터 금요일까지 오전 9시부터 오후 9시까지 이용할 수 있습니다. 토요일에는 오후 1시에 문을 닫고 일요일에는 쉽니다. 책은 한 사람에 5권까지 빌릴 수 있고, 기간 내에 책을 (㉠). 반납하지 않으면 일주일 동안 책을 빌릴 수 없습니다.

51. ㉠에 들어갈 알맞은 말을 고르십시오.
    ① 반납할 겁니다   ② 반납해야 합니다
    ③ 반납하려고 합니다   ④ 반납할 수 있습니다

52. 무엇에 대한 이야기인지 맞는 것을 고르십시오.
    ① 도서관 책 소개
    ② 도서관 이용 안내
    ③ 도서관 쉬는 날 안내
    ④ 도서관에서 책을 빌리는 방법

[53-54] 다음을 읽고 물음에 답하십시오.

부모들은 주말에 비가 오면 아이들과 나가서 놀 수 없기 때문에 (㉠) 많습니다. 이럴 때 종이접기는 아이들과 할 수 있는 좋은 놀이입니다. 색종이와 테이프만 있으면 다양한 것을 만들 수 있어서 아이들이 아주 좋아합니다.

53. ㉠에 들어갈 알맞은 말을 고르십시오.
    ① 고민이   ② 관심이   ③ 문제가   ④ 실수가

54. 이 글의 내용과 같은 것을 고르십시오.
    ① 아이들은 비가 오면 싫어합니다.
    ② 종이접기는 어른들만 할 수 있습니다.
    ③ 집 안에는 색종이와 테이프가 많습니다.
    ④ 종이접기는 아이들과 할 수 있는 좋은 놀이입니다.

[55-56] 다음을 읽고 물음에 답하십시오.

> 운동을 할 때 (㉠) 바로 운동을 하면 다치기 쉽습니다. 따라서 운동을 하기 전에는 반드시 가벼운 스트레칭을 해야 합니다. 또 나이에 맞는 운동을 해야 합니다. 아이들은 친구들과 함께 할 수 있는 운동이 좋고, 어른들은 천천히 걷는 운동이 좋습니다.

55. ㉠에 들어갈 알맞은 말을 고르십시오.
　① 준비운동을 하는데　② 준비운동을 하려고
　③ 준비운동을 안 해서　④ 준비운동을 하지 않고

56. 이 글의 내용과 같은 것을 고르십시오.
　① 운동을 하면 다칩니다.
　② 걷기는 오래하면 좋습니다.
　③ 어른과 아이의 운동은 달라야 합니다.
　④ 어른과 아이가 함께 운동을 하는 것이 좋습니다.

 内容を確認しよう

[49-50] 次を読んで問いに答えなさい。

> 最初は人々は価格の高い物を買うときにカードを使用しました。(㉠) 最近はコンビニで安い物でもカードで買えます。それで現金よりもカードをよく使用します。このように現金を使うことが少なくなると、今後は現金がなくなりそうです。

49. ㉠に入る適当な言葉を選びなさい。
　① そして　② しかし　③ それで　④ それでは

50. この文章の内容と同じものを選びなさい。
　① 高い物はカードで買わなければなりません。
　② 最近はカードのみ使用できます。
　③ 最近人々はカードをよく使います。

④ コンビニでは現金を使いにくいです。

[51-52] 次を読んで問いに答えなさい。

> 本図書館は月曜日から金曜日まで、午前9時から午後9時まで利用でき
> きます。土曜日には午後1時に閉館し、日曜日には休館します。本は1
> 人で5冊まで借りることができ、期間内に本を（　㋐　）。返却しない
> と1週間本を借りることができません。

51. ㋐に入る適当な言葉を選びなさい。
　　① 返却するでしょう。　　　② 返却しなければなりません。
　　③ 返却しようと思います。　④ 返却することができます。

52. 何についての話なのか、当てはまるものを選びなさい。
　　① 図書館の本の紹介　　　② 図書館の利用案内
　　③ 図書館の休館日案内　　④ 図書館で本を借りる方法

[53-54] 次を読んで問いに答えなさい。

> 親たちは週末に雨が降ると子どもたちと外出して遊べないので
> （　㋐　）多いです。こんなとき折り紙は子どもたちとできる良い遊び
> です。色紙とテープさえあればいろいろなものを作れるので、子どもた
> ちがとても喜びます。

53. ㋐に入る適当な言葉を選びなさい。
　　① 悩みが　　② 関心が　　③ 問題が　　④ 失敗が

54. この文章の内容と同じものを選びなさい。
　　① 子どもたちは雨が降ると嫌がります。
　　② 折り紙は大人たちだけができます。
　　③ 家の中には色紙とテープが多いです。
　　④ 折り紙は子どもたちとできる良い遊びです。

[55-56] 次を読んで問いに答えなさい。

> 運動をするとき（　㋐　）すぐに運動をするとケガをしやすいです。
> したがって運動をする前に必ず軽いストレッチをしなければなりません。
> また<u>年齢に合った運動をしなければなりません。</u>子供たちは友人たちと
> 一緒にできる運動が良く、大人たちはゆっくり歩く運動が良いです。

55. ㋐に入る適当な言葉を選びなさい。
① 準備運動をしますが　　② 準備運動をしようと
③ 準備運動をしないので　④ 準備運動をしないで

56. この文章の内容と同じものを選びなさい。
① 運動をするとケガをします。
② ウォーキングは長くすると良いです。
③ 大人と子供の運動は異なるものであるべきです。
④ 大人と子供が一緒に運動をするのが良いです。

💡解答のヒント

49. 처음에는 ~（　㋐　）. 요즘은 ~　最初は~（　㋐　）。最近は~
　　은/는は対照的な内容を比較して表すときに使われることがある。
　　例 사과는 작아요. 그러나 수박은 커요.
　　　リンゴは小さいです。しかしスイカは大きいです。

50. A보다 B을/를 ~ ➡ B를 ~　AよりBを~する ➡ Bを~する
　　例 현금보다 카드를 많이 사용합니다.　現金よりカードをよく使います。
　　　➡ 카드를 많이 사용합니다.　カードをよく使います。

51. ①計画 : -(으)ㄹ 겁니다　~するでしょう・つもりです
　　例 주말에 여행을 갈 겁니다.
　　　週末に旅行に行くつもりです。

②義務：-아야/어야 하다　～しなければならない

　　　例 책을 빌립니다. 반납해야 합니다.

　　　　本を借ります。返却しなければなりません。

③計画：-(으)려고 하다　～しようとする

④可能：-(으)ㄹ 수 있다　～することができる

　　　例 시간이 있습니다. 친구를 만날 수 있습니다.

　　　　時間があります。友人に会うことができます。

52. 図書館の利用時間、利用方法、利用規則について述べている。

55. ③ -아서/어서は理由を表す。

　　④ -고は順序を表し、～하지 않고は「～しないで」という意味。

解答				
	49. ❷	50. ❸	51. ❷	52. ❷
	53. ❶	54. ❹	55. ❹	56. ❸

問題57-58

問題のパターン

問題57-58は、四つの文を意味が通るように適切に並べ替えたものを選ぶ問題です。

〈問題指示文〉

[57-58] 다음을 순서대로 맞게 나열한 것을 고르십시오.

次を順序どおりに並べたものを選びなさい。

 問題を解いてみよう

57.

> (가) 나는 한복입기 체험을 해 보았습니다.
>
> (나) 한복을 입고 사진도 찍어볼 수 있어서 좋았습니다.
>
> (다) 남산한옥마을에는 여러 가지 전통 프로그램이 있었습니다.
>
> (라) 지난 주말에 다양한 체험을 하고 싶어서 남산한옥마을에 갔습니다.

① (가)-(나)-(다)-(라)　　② (가)-(나)-(라)-(다)

③ (라)-(다)-(가)-(나)　　④ (라)-(다)-(나)-(가)

58.

> (가) 청소 기간은 내일부터 일주일 동안입니다.
>
> (나) 우리 아파트 지하 주차장 청소를 하려고 합니다.
>
> (다) 일주일 후에는 다시 주차장을 이용하실 수 있습니다.
>
> (라) 내일부터는 자동차를 다른 곳에 주차하여 주시기 바랍니다.

① (가)-(나)-(다)-(라)　　② (가)-(라)-(다)-(나)

③ (나)-(다)-(라)-(가)　　④ (나)-(가)-(라)-(다)

 内容を確認しよう

57. （가）私は韓服を着る体験をしてみました。

　　（나）韓服を着て写真も撮ることができ良かったです。

　　（다）南山韓屋村にはいろいろな伝統プログラムがありました。

　　（라）先週末にいろいろな体験をしたくて南山韓屋村に行きました。

58. （가）清掃期間は明日から1週間です。

　　（나）当マンションの地下駐車場の清掃をしようと思います。

　　（다）1週間後にはまた駐車場をご利用になれます。

　　（라）明日からは自動車を他の場所に駐車していただきますようお願い
　　　　します。

 解答のヒント

57. 最初に来る文は「いつ、何をしたか」という内容。韓服を着る（가）、
写真を取る（나）の順になる。

58. 最初に来る文は「何をする予定か」という内容。清掃期間が1週間
という情報（가）は1週間後に駐車場を利用できる（다）という情
報の前に来る。

解答　　　　　　　　　　　57. ❸　　58. ❹

問題のパターン

問題59-70は、問題49-56と形式は似ていますが、それよりも長めの文章を読んで、二つの問いに答えます。問いは、空欄に入るものを選ぶもののほか、文章の内容に合った文を選ぶものや文章の内容に関するものがあります。文章は六つあります。

〈問題指示文〉

[59-70] 다음을 읽고 물음에 답하십시오.

次を読んで問いに答えなさい。

問題を解いてみよう

[59-60] 다음을 읽고 물음에 답하십시오.

> 　요즘 걷기 여행을 하는 사람들이 많아지고 있습니다. (㉠) 걷기 운동은 집 근처에서도 할 수 있지만 걷기 여행을 하면 여행지를 걸으면서 아름다운 경치도 감상할 수 있습니다. (㉡) 보통 여행은 가족이나 친구들과 많이 갑니다. (㉢) 혼자 걸으면서 음악을 듣거나 조용히 생각을 할 수 있어서 좋기 때문입니다. (㉣)

59. 다음 문장이 들어갈 곳을 고르십시오.

> 그러나 걷기 여행은 혼자 가는 여행자들이 많습니다.

　① ㉠　　② ㉡　　③ ㉢　　④ ㉣

60. 이 글의 내용과 같은 것을 고르십시오.

① 걷기 운동이 걷기 여행보다 좋습니다.

② 걷기 여행은 혼자하기 좋은 여행입니다.

③ 요즘 가족과 여행가는 사람들이 많습니다.

④ 걷기 여행은 집 근처에서도 할 수 있습니다.

[61-62] 다음을 읽고 물음에 답하십시오.

잠을 자기 전에 아이에게 책을 읽어주면 아이가 좋은 꿈을 꿀 수 있습니다. 이때 많은 책을 읽어주는 것보다는 두세 권 정도를 매일 밤 읽어주는 것이 중요합니다. 그리고 책을 읽어줄 때 아이의 눈을 (㉠) 읽어주면 아이가 마음이 편안해서 잠을 잘 잘 수 있습니다. 이렇게 아이가 10세가 될 때까지 자기 전에 책을 읽어주는 것이 좋다고 합니다.

61. ㉠에 들어갈 알맞은 말을 고르십시오.

① 보지만   ② 보거나

③ 보면서   ④ 보려고

62. 이 글의 내용과 같은 것을 고르십시오.

① 부모가 책을 많이 읽어야 합니다.

② 아이들은 혼자 자기 전에 책을 읽습니다.

③ 자기 전에 아이에게 책을 읽어주는 것이 좋습니다.

④ 아이가 10살이 되면 자기 전에 책을 읽어야 합니다.

[63～64] 다음을 읽고 물음에 답하십시오.

제1회 가족 연극 축제

안녕하세요? 서울시에서는 부모님과 어린이가 함께 볼 수 있는 연극 축제를 준비했습니다. 재미있고 좋은 연극을 가족이 함께 보면서 이야기도 할 수 있습니다. 이번 축제에 꼭 오셔서 즐거운 시간을 보내시기 바랍니다.

요일마다 다양한 공연이 준비되어 있으니 예매를 서두르세요!!

날짜: 10월 1일 ~ 10월 7일
장소: 서울시 문화 극장
예매: 가족 연극 축제 홈페이지

63. 왜 이 글을 썼는지 맞는 것을 고르십시오.
   ① 공연을 준비하려고
   ② 연극 축제를 소개하려고
   ③ 공연 내용을 이야기하려고
   ④ 연극 표 예매하는 방법을 알려 주려고

64. 이 글의 내용과 같은 것을 고르십시오.
   ① 매일 다양한 공연을 볼 수 있습니다.
   ② 서울시에서는 매년 연극 축제를 했습니다.
   ③ 어린이가 혼자 볼 수 있는 연극도 있습니다.
   ④ 연극을 보려면 일주일 전에 예매해야 합니다.

[65-66] 다음을 읽고 물음에 답하십시오.

> 한국의 단풍은 색이 예뻐서 사람들에게 인기가 많습니다. 그래서 매년 가을이 되면 주말에 단풍 구경을 하러 가는 사람들로 고속도로가 매우 복잡합니다. 평일에는 서울에서 강원도까지 보통 3시간 정도 (㉠) 주말에는 길이 막혀서 5시간 정도 걸립니다. 시간은 오래 걸리지만 사람들은 단풍 구경할 생각에 즐겁습니다.

65. ㉠에 들어갈 알맞은 말을 고르십시오.
   ① 걸려서   ② 걸리고
   ③ 걸리면   ④ 걸리는데

66. 이 글의 내용과 같은 것을 고르십시오.
   ① 고속도로는 평소에 더 복잡합니다.
   ② 한국의 단풍은 예뻐서 유명합니다.
   ③ 길이 막혀서 사람들은 기분이 나쁩니다.
   ④ 서울에서 강원도까지 보통 5시간 정도 걸립니다.

[67-68] 다음을 읽고 물음에 답하십시오.

> 여름이 되면 다이어트를 하는 여성들이 많습니다. 그런데 다이어트를 하는 것은 정말 쉽지 않습니다. 특히 낮에 음식을 조금 먹으면 밤에 배가 고파서 힘듭니다. 이때, 고구마를 준비하면 좋습니다. 고구마를 우유와 같이 먹으면 조금만 먹어도 (㉠) 건강에도 좋습니다.

67. ㉠에 들어갈 알맞은 말을 고르십시오.
   ① 맛있고   ② 살이 찌고
   ③ 배가 고프고   ④ 배가 부르고

68. 이 글의 내용과 같은 것을 고르십시오.
   ① 여름에 다이어트를 해야 합니다.
   ② 밤에 배가 고프면 참아야 합니다.
   ③ 다이어트를 하는 것은 어렵지 않습니다.
   ④ 다이어트를 할 때 고구마가 도움이 됩니다.

[69-70] 다음을 읽고 물음에 답하십시오.

바쁜 직장인들이 집에서 음식을 하는 것은 (㉠). 시장에 가서 재료도 사야 하고 요리도 해야 합니다. 그리고 먹은 후에 설거지도 해야 합니다. 그래서 이렇게 바쁜 직장인들을 위해서 간단한 요리를 소개하고 있는 책이 인기를 얻고 있습니다.

69. ㉠에 들어갈 알맞은 말을 고르십시오.
   ① 귀찮은 일입니다   ② 간단한 일입니다
   ③ 자주 해야 합니다   ④ 어려운 일이 아닙니다

70. 이 글의 내용으로 알 수 있는 것을 고르십시오.
   ① 집에서 만드는 음식은 복잡합니다.
   ② 집에서 요리를 하려면 시작을 잘해야 합니다.
   ③ 직장인들은 집에서 음식을 먹을 수 없습니다.
   ④ 직장인들은 간단하게 만들 수 있는 음식을 좋아합니다.

✎ 内容を確認しよう

[59-60] 次を読んで問いに答えなさい。

最近ウォーキングツアーをする人たちが増えています。(㉠)ウォーキングは家の近くでもできますが、ウォーキングツアーをすると旅先で歩きながら美しい景色も鑑賞できます。(㉡)普通、旅行は家族や友人たちとよく行きます。(㉢)一人で歩きながら音楽を聞いたり静かに考え事ができたりして良いからです。(㉣)

59. 次の文が入る個所を選びなさい。

> しかしウォーキングツアーは一人で行く旅行者が多いです。

60. この文章の内容と同じものを選びなさい。

① ウォーキングはウォーキングツアーよりも良いです。

② ウォーキングツアーは一人でするのに良い旅行です。

③ 最近、家族と旅行に行く人たちが多いです。

④ ウォーキングツアーは家の近くでもできます。

[61−62] 次を読んで問いに答えなさい。

> 眠る前に子供に本を読んであげると、子供が良い夢を見ることができます。このとき、たくさんの本を読んであげるよりも、2、3冊程度を毎晩読んであげるのが重要です。そして、本を読んであげるとき子供の目を（　㋐　）読んであげると、子供が楽な気持ちになって眠ることができます。このように、子供が10歳になるまで眠る前に本を読んであげるのが良いそうです。

61. ㋐に入る適当な言葉を選びなさい。

① 見ますが　　② 見たり

③ 見ながら　　④ 見ようと

62. この文章の内容と同じものを選びなさい。

① 親が本をたくさん読まねばなりません。

② 子供たちは一人で眠る前に本を読みます。

③ 眠る前に子供に本を読んであげるのがいいです。

④ 子供が10歳になったら眠る前に本を読まねばなりません。

[63-64] 次を読んで問いに答えなさい。

第1回家族演劇フェスティバル

こんにちは。ソウル市ではお父さんお母さんと子供が一緒に見ることのできる演劇フェスティバルを準備しました。面白くて良い演劇を家族が一緒に見ながら話もできます。今回のフェスティバルにぜひお越しになり、楽しい時間をお過ごしください。

曜日ごとに多様な公演が準備されているので、チケットの事前購入をお急ぎください!!

日付：10月1日〜10月7日
場所：ソウル市文化劇場
事前購入：家族演劇フェスティバルホームページ

63. なぜこの文章を書いたのか、当てはまるものを選びなさい。
   ① 公演を準備しようとして
   ② 演劇フェスティバルを紹介しようとして
   ③ 公演の内容を話そうとして
   ④ 演劇のチケットの事前購入方法を知らせようとして

64. この文章の内容と同じものを選びなさい。
   ① 毎日多様な公演を見ることができます。
   ② ソウル市では毎年演劇フェスティバルをしました。
   ③ 子供が一人で見られる演劇もあります。
   ④ 演劇を見るには1週間前にチケットを事前購入しなければなりません。

[65-66] 次を読んで問いに答えなさい。

> 韓国の紅葉は色がきれいで、人々に人気がとてもあります。そのため、毎年秋になると週末に紅葉を見に行く人々で高速道路がとても混み合います。平日にはソウルから江原道まで普通3時間程度（　㋐　）週末には道が渋滞して5時間程度かかります。時間は長いことかかりますが、人々は紅葉が見られると喜んでいます。

65. ㋐に入る適当な言葉を選びなさい。
    ① かかるので　　② かかり
    ③ かかると　　　④ かかりますが

66. この文章の内容と同じものを選びなさい。
    ① 高速道路は普段のほうが混雑します。
    ② 韓国の紅葉はきれいなことで有名です。
    ③ 道が渋滞して人々は気分が悪いです。
    ④ ソウルから江原道まで普通5時間程度かかります。

[67-68] 次を読んで問いに答えなさい。

> 夏になるとダイエットをする女性たちが多いです。しかしダイエットをするのは本当に楽なことではありません。特に昼に食べ物を少ししか食べないと、夜おなかが空いて大変です。こんなとき、サツマイモを準備するといいです。サツマイモを牛乳と一緒に食べれば、少し食べるだけでも（　㋐　）健康にもいいです。

67. ㋐に入る適当な言葉を選びなさい。
    ① おいしく　　　　② 太り
    ③ お腹が空いて　　④ お腹がいっぱいになり

68. この文章の内容と同じものを選びなさい。

① 夏にダイエットをしなければなりません。

② 夜お腹が空いたら我慢しなければなりません。

③ ダイエットをするのは難しくありません。

④ ダイエットをするときサツマイモが役に立ちます。

[69−70] 次を読んで問いに答えなさい。

忙しい会社員たちが家で食べ物を作るのは（　㋐　）。市場に行って材料も買わねばならないし、料理もしなければなりません。そして食べた後に洗い物もしなければなりません。そのため、このように忙しい会社員たちのために、簡単な料理を紹介している本が人気を得ています。

69. ㋐に入る適当な言葉を選びなさい。

① 面倒なことです

② 簡単なことです

③ しばしばしなければなりません

④ 難しいことではありません

70. この文章の内容からわかることを選びなさい。

① 家で作る食べ物は複雑です。

② 家で料理をするためには始めを上手にしなければなりません。

（＝始めが肝心です。）

③ 会社員たちは家で食べ物を食べることができません。

④ 会社員たちは簡単に作れる食べ物が好きです。

解答のヒント

59. 　그러나（しかし）で始まっているので、前には対照的な内容の文がある。

61. 　動詞1-(으)면서 動詞2：2つの行動を同時に行うときに使う。

　　　例 밥을 먹으면서 TV를 봐요.

　　　　　ご飯を食べながらテレビを見ます。

64. 　요일마다　曜日ごとに ➡ 매일　毎日

65. 　평일　平日 ⇔ 주말　週末：相反する内容を話している。

　　　① 걸려서　かかるので（理由）

　　　② 걸리고　かかり（羅列）

　　　③ 걸리면　かかると（条件）

　　　④ 걸리는데　かかりますが（転換）

67. 　-아도/어도　〜ても・〜でも

　　　例 비가 와도 등산을 가요.

　　　　　雨が降っても登山に行きます。

解答	59. ❸	60. ❷	61. ❸	62. ❸	63. ❷	64. ❶
	65. ❹	66. ❷	67. ❹	68. ❹	69. ❶	70. ❹

第1回模擬試験（解答・スクリプト・訳）

解答（括弧内は配点）

聞き取り

1. ① (4)	2. ① (4)	3. ② (3)	4. ④ (3)	5. ② (4)
6. ③ (3)	7. ④ (3)	8. ④ (3)	9. ③ (3)	10. ③ (4)
11. ① (3)	12. ③ (3)	13. ② (4)	14. ④ (3)	15. ① (4)
16. ③ (4)	17. ② (3)	18. ① (3)	19. ① (3)	20. ④ (3)
21. ④ (3)	22. ③ (3)	23. ④ (3)	24. ② (3)	25. ② (3)
26. ③ (4)	27. ① (3)	28. ② (4)	29. ④ (3)	30. ④ (4)

読解

31. ③ (2)	32. ③ (2)	33. ① (2)	34. ③ (2)	35. ② (2)
36. ③ (2)	37. ② (3)	38. ③ (2)	39. ① (3)	40. ④ (3)
41. ① (3)	42. ④ (3)	43. ① (3)	44. ① (2)	45. ③ (3)
46. ③ (3)	47. ④ (3)	48. ① (2)	49. ② (2)	50. ④ (2)
51. ④ (3)	52. ① (3)	53. ③ (3)	54. ③ (3)	55. ① (2)
56. ① (3)	57. ③ (3)	58. ② (2)	59. ③ (2)	60. ④ (3)
61. ② (2)	62. ③ (2)	63. ③ (2)	64. ④ (3)	65. ① (2)
66. ④ (3)	67. ④ (3)	68. ① (3)	69. ④ (3)	70. ④ (3)

🔊 11 **[1−4]** 音声を聞いて、例題 のように質問に合う返答を選びなさい。
例題（省略。「問題パターンを知ろう」p.12と同じです。）

1. 신발이 커요? 靴が大きいですか？
   ❶ はい、靴が大きいです。　② はい、靴が小さいです。
   ③ いいえ、靴です。　④ いいえ、靴があります。

2. 수미 씨, 공부합시다. スミさん、勉強しましょう。
   ❶ はい、いいですよ。　② はい、勉強してください。
   ③ いいえ、まだしていません。　④ いいえ、勉強するつもりです。

3. 지금 어디에 있어요?　今どこにいますか？
　① 家に帰ります。　　　　　❷ 食堂にいます。
　③ 姉といます。　　　　　　④ 友人に会いません。

4. 이거 어디에서 샀어요?　これどこで買いましたか？
　① たくさん買いました。　　② 4時に買いました。
　③ 友人と買いました。　　　❹ デパートで買いました。

💡 解答のヒント

1. 答え方のパターン
　ネ, 신발이 커요.　はい、靴が大きいです。
　아니요, 신발이 작아요.　いいえ、靴が小さいです。
　아니요, 신발이 안 커요.　いいえ、靴が大きくないです。
　아니요, 신발이 크지 않아요.　いいえ、靴が大きくないです。
　크다　大きい ⇔ 작다　小さい

2. 答え方のパターン
　네, 공부해요.　はい、勉強します。
　네, 공부합시다.　はい、勉強しましょう。
　네, 좋아요.　はい、いいですよ。

3. 答え方のパターン　(장소)에 있어요　(場所)にいます

4. 答え方のパターン　(장소)에서 샀어요　(場所)で買いました
　関連表現　(어디)에서 ~ (사다, 먹다…)
　　　　　　(どこ) で~する（買う、食べる…）
　　　　　　(어디)에 가다 / 오다　(どこ) に行く／来る
　　　　　　(어디)에 있다 / 없다
　　　　　　(どこ) にある・いる／ない・いない

🔊 12 [5-6] 音声を聞いて、例題 のように続く言葉を選びなさい。
例題（省略。「問題パターンを知ろう」p.14と同じです。）

5. 입학 축하해요. 入学おめでとうございます。

   ① ごめんなさい。　　　　　❷ ありがとうございます。

   ③ うれしいです。　　　　　④ 大丈夫です。

6. 다음에 또 만나요. 次にまた会いましょう。

   ① 元気でいました。

   ② いらっしゃいませ。

   ❸ はい、会えてうれしかったです。

   ④ 行ってらっしゃい。

💡解答のヒント

5. 반가워요 는 사람에 会ったとき、望むことが叶ったときのうれしい気持ちを表すときに使う。

   반가워요 は人に会ったとき、望むことが叶ったときのうれしい気持ちを表すときに使う。

   [関連表現]　졸업 축하해요. 卒業おめでとうございます。

   　　　　　생일 축하해요. お誕生日おめでとうございます。

6. 또 만나요. また会いましょう。：別れるときに言う。

🔊 13 **[7-10]** ここはどこですか。[例題]のように当てはまるものを選びなさい。

例題（省略。「問題パターンを知ろう」p.16 と同じです。）

7. 여자: 뭘 도와드릴까요?　　　　女性：ご用件は何ですか？

   남자: 소포를 보내러 왔어요.　　男性：小包を送りに来ました。

   ① 病院　　② 美容室　　③ クリーニング店　　❹ 郵便局

8. 여자: 1박 2일로 부산 여행을 하고 싶은데, 얼마예요?

   남자: 1인에 15만 원입니다.

   男性：1泊2日で釜山旅行をしたいのですが、いくらですか？
   女性：1人で15万ウォンです。

   ① ホテル　　② 市場　　③ 郵便局　　❹ 旅行会社

9. 남자 : 운동화는 몇 층에 있어요?　男性 : 運動靴は何階にありますか？
   여자 : 4층에 있습니다.　　　　　女性 : 4階にあります。

   ① パン屋　② 食堂　❸ デパート　④ 美術館

10. 여자 : 사장님, 퇴근 안 하세요?
    남자 : 먼저 가세요.

    女性 : 社長、退勤されないんですか？
    男性 : 先に帰ってください。

    ① 市場　② 病院　❸ 会社　④ 学校

🔊 14 **[11-14]** 何について話していますか。例題のように当てはまるものを選びなさい。

例題 (省略。「問題パターンを知ろう」p.18 と同じです。)

11. 남자 : 아르바이트를 해 본 적이 있어요?
    여자 : 아니요, 안 해 봤어요.

    男性 : アルバイトをしたことがありますか？
    女性 : いいえ、したことがありません。

    ❶ 経験　② 計画　③ 卒業　④ 学校の休み

12. 여자 : 저는 사과를 좋아해요. 민수 씨는요?
    남자 : 저는 포도를 좋아해요.

    女性 : 私はリンゴが好きです。ミンスさんは？
    男性 : 私はブドウが好きです。

    ① 天気　② 趣味　❸ 果実　④ 場所

13. 남자 : 여기 월요일에 쉬어요?
    여자 : 아니요, 저희는 화요일에 쉽니다.

    男性 : ここ月曜日に休みますか？

女性：いいえ、うちは火曜日に休みます。

① 位置　　❷ 休日　　③ 天気　　④ 授業

14. 여자 : 민수 씨는 어디에서 태어났어요?
　　남자 : 저는 서울에서 태어났어요.

　　女性：ミンスさんはどこで生まれましたか？
　　男性：私はソウルで生まれました。

① 健康　　② 職業　　③ 交通　　❹ 故郷

 解答のヒント

11. －아/어 본 적이 있다　〜したことがある・〜してみたことがある

(経験)

例 저는 김치를 먹어 본 적이 있습니다.
　　私はキムチを食べたことがあります。

🔊 15 [15-16] 対話を聞いて、当てはまる絵を選びなさい。

15. ❶
　　여자 : 비가 올 것 같아요. 우산 가지고 가세요.
　　남자 : 네, 알겠어요.

　　女性：雨が降りそうです。傘を持って行ってください。
　　男性：はい、わかりました。

16. ❸
　　남자 : 불고기를 만드는데 좀 도와줄래요?
　　여자 : 네, 제가 야채를 썰게요.

　　男性：プルゴギを作るんですが、ちょっと手伝ってくれますか？
　　女性：はい、私が野菜を切ります。

解答のヒント

15. 女性が男性に傘を渡しながら言っている。
16. 二人は料理をしている。

🔊 16 【17−21】 対話を聞いて、例題のように対話の内容と同じものを選びなさい。

例題（省略。「問題パターンを知ろう」p.22と同じです。）

17. 여자: 곧 영화가 시작해요. 빨리 오세요.
    남자: 미안해요. 10분 정도 더 걸릴 것 같아요. 먼저 들어가세요.
    여자: 아니에요. 기다릴게요.

    女性：すぐに映画が始まります。早く来てください。
    男性：ごめんなさい。あと10分程度かかりそうです。先に入ってください。
    女性：いいえ。待っています。

    ① 二人は映画館にいます。
    ❷ 二人は一緒に映画を見るつもりです。
    ③ 男性は今映画を見ています。
    ④ 女性は今映画館に向かっています。

18. 남자: 다음 주말에 스키 타러 갈래요?
    여자: 저는 스키를 탈 줄 몰라요. 한 번도 안 타 봤어요.
    남자: 그래요? 그럼 제가 가르쳐 드릴게요. 1시간만 배우면 탈 수 있어요.
    여자: 정말요? 좋아요.

    男性：次の週末にスキーをしに行きませんか？
    女性：私はスキーのやり方を知りません。一度もしたことがありません。
    男性：そうですか？ じゃあ私が教えてあげましょう。1時間だけ習えばできますよ。
    女性：本当ですか？ いいですね。

① 女性はスキーをしたことがありません。
② 女性はスキーをするのが嫌いです。
③ 男性は女性にスキーを習うでしょう。
④ 男性は1時間スキーを習いました。

19. 남자 : 저 영화 봤어요? 정말 재미있어요.

여자 : 그래요? 저도 정말 보고 싶었는데 바빠서 아직 못 봤어요.

남자 : 그럼 내일 같이 볼래요? 너무 재미있어서 저는 또 보려고요.

여자 : 정말요? 그럼 제가 표를 예매할게요.

男性：あの映画見ましたか？ 本当に面白いです。

女性：そうですか？ 私も本当に見たかったんですが、忙しくてまだ見
　　　ていません。

男性：じゃあ明日一緒に見ますか？ とても面白いので、私はもう一度
　　　見ようと思います。

女性：本当ですか？ じゃあ私がチケットを事前購入します。

① 女性が映画のチケットを買うでしょう。
② 男性はすでに映画を2回見ました。
③ 女性は忙しくて映画を見ることができません。
④ 二人はたった今映画を見て出てきました。

20. 남자 : 경복궁에 가려고 하는데 어떻게 가는지 알아요?

여자 : 버스는 길이 막히니까 지하철로 가세요. 경복궁역 5번 출구로 나가
　　　서 5분만 걸어가면 돼요.

남자 : 네, 알겠어요. 그런데 입장료는 얼마예요?

여자 : 3,000원인데 한복을 입고 가면 무료예요.

男性：景福宮に行こうと思うのですが、どう行くか知っていますか？

女性：バスは道路が渋滞するので、地下鉄で行ってください。景福宮駅
　　　5番出口を出て5分だけ歩けばいいです。

男性：はい、わかりました。ところで入場料はいくらですか？

女性：3,000ウォンですが、韓服を着て行くと無料です。

① 男性は女性と景福宮に行きたがっています。
② 景福宮に行くには地下鉄に乗り換えなければなりません。
③ 女性は男性に景福宮に行く方法を尋ねました。
❹ 景福宮に韓服を着て行くと、ただで入ることができます。

21. 남자: 한국어를 배운 지 2년이나 되었는데 아직도 한국 사람 앞에서는 말
　　　을 잘 못하겠어요.
　　여자: 한국 친구하고 많이 이야기하면 한국어를 더 잘할 수 있을 거예요.
　　남자: 그런데 한국 친구를 어떻게 사귀어야 할지 모르겠어요.
　　여자: 그럼 제가 소개해 줄게요. 이번 주말에 같이 만나요.

　　男性：韓国語を学んで2年にもなりましたが、まだ韓国人の前ではうま
　　　　　く話せません。
　　女性：韓国の友人とたくさん話をすれば、韓国語をもっと上手に話せる
　　　　　ようになると思います。
　　男性：でも韓国の友人とどうやって知り合えばいいのかわかりません。
　　女性：じゃあ私が紹介してあげます。この週末に一緒に会いましょう。

① 男性は韓国の友人が多いです。
② 男性は韓国語がまったくできません。
③ 女性は韓国語がもっと上手になりたいと思っています。
❹ 女性は男性に韓国の友人を紹介するつもりです。

💡 解答のヒント

17.　女性が映画館で男性を待っている状況。

18.　-아/어 봤다 는 한 번도 (一度も) 나 예전에 (以前に) 등과 一緒
　　　に使われると経験の意味が強く出る。

🔊 17 **[22-24]** 対話を聞いて、女性の中心となる考えを選びなさい。

22. 여자: 민수 씨, 우리 점심 먹으러 가요.
　　남자: 저는 안 먹을래요. 지난주부터 다이어트를 시작했어요.

여자: 아무것도 안 먹으면 건강에도 안 좋아요. 운동을 하면서 살을 빼세요.
남자: 아니에요. 빨리 살을 빼려면 운동보다 안 먹는 것이 중요해요.

女性：ミンスさん、お昼を一緒に食べに行きましょう。
男性：私は食べません。先週からダイエットを始めました。
女性：何も食べないと健康にも良くありません。運動をしながら痩せて
　　　ください。
男性：いいえ。早く痩せるには運動よりも食べないことが重要です。

① 食べなければ早く痩せます。
② ダイエットは健康に良くないです。
❸ 運動をしながら痩せなければなりません。
④ ダイエットより運動が重要です。

23. 여자: 아직까지 일하고 있어요? 빨리 자고 내일 일찍 일어나서 해요.
　　남자: 아침에 일찍 일어나는 게 더 힘들어요. 그냥 지금 할래요.
　　여자: 늦은 시간에 일하면 건강에도 안 좋고 일도 잘 못 해요.
　　남자: 알았어요. 그럴게요.

女性：まだ仕事しているんですか？ 早く寝て、明日早く起きてしてく
　　　ださい。
男性：朝早く起きるほうがもっと大変です。このまま今します。
女性：遅い時間に仕事すると健康にも良くないし、仕事もうまくできま
　　　せん。
男性：わかりました。そうします。

① 早く起きると健康に良いです。
② 遅く寝ても早く起きなければなりません。
③ やることをやり終えてからぐっすり眠るのが良いです。
❹ 夜に仕事をするのは健康に良くないです。

24. 남자: 와, 눈이 와요. 우리 고향에는 눈이 안 내려서 눈이 오길 기다렸어요.
　　여자: 그래요? 그런데 눈이 오면 길도 미끄럽고 차도 막혀서 불편해요.
　　남자: 수미 씨는 눈이 오는 게 싫어요?

여자: 그건 아닌데 눈이 오면 집에 가기 힘들어서요.

男性：わあ、雪が降っています。私の故郷には雪が降らないので、雪が
　　　降るのを待っていました。

女性：そうですか？ でも雪が降ると道も滑るし車も渋滞して不便です。

男性：スミさんは雪が降るのが嫌ですか？

女性：そうではありませんが、雪が降ると家に帰るのが大変なので。

① 雪が降るのを待っていました。

❷ 雪が降ると不便です。

③ 雪が降るのは嫌いです。

④ 雪がたくさん降ってうれしいです。

💡 解答のヒント

23. 늦은 시간　遅い時間 ➡ 밤　夜

24. 눈이 오다 = 눈이 내리다　雪が降る
　　 비가 오다 = 비가 내리다　雨が降る

🔊 18 **[25-26]** 音声を聞いて問いに答えなさい。

여자: 오늘은 어린이날입니다. 어린이날 아이들에게 가장 좋은 선물은 가족과
　　 함께 하는 시간일 것입니다. 그래서 서울 공원에서는 가족 노래 자랑, 가
　　 족사진 찍기, 어린이 요리 대회 등 다양한 행사를 준비했습니다. 가족과
　　 함께 서울 공원에 오셔서 즐거운 시간을 보내시기 바랍니다.

女性：今日はこどもの日です。こどもの日に子供たちに最も良いプレゼント
　　　は、家族と一緒に過ごす時間でしょう。そこでソウル公園では家族の
　　　のど自慢、家族写真撮影、こども料理大会など多様な行事を準備しまし
　　　た。家族と一緒にソウル公園にいらして、楽しい時間をお過ごしくだ
　　　さい。

25. 女性は何について話していますか？

    ① ソウル公園に行く方法の紹介

    ❷ ソウル公園の多様な行事の紹介

    ③ こどもの日に子供たちが喜ぶプレゼントの紹介

    ④ こどもの日に家族が一緒に行ける場所の紹介

26. 聞いた内容と同じものを選びなさい。

    ① ソウル公園に行くとプレゼントをもらうことができます。

    ② ソウル公園ではいつも多様な行事があります。

    ❸ こどもの日に家族と一緒にソウル公園に行くと良いです。

    ④ 子供たちはこどもの日に良いプレゼントをもらいたがります。

🔊 19 **[27-28]** 音声を聞いて問いに答えなさい。

남자: 요즘 계속 피곤하고 힘이 없어요.

여자: 어디 아픈 거 아니에요? 얼굴이 안 좋은 것 같네요. 병원에는 가 봤어요?

남자: 네, 아픈 곳은 없어요.

여자: 그럼 운동을 좀 해 보는 건 어때요? 저는 매일 아침에 공원에서 운동하는 데 같이 할래요? 혼자 하는 것보다는 심심하지 않고 좋을 거예요.

남자: 그럼 그럴까요? 운동을 하면 좋아지겠죠?

여자: 그럼요. 그럼 내일 아침에 공원에서 만나요.

男性：最近ずっと疲れていて力が出ません。

女性：どこが具合が悪いんではないですか？ 顔色が良くないようですよ。 病院に行ってみましたか？

男性：はい、具合が悪いところはありません。

女性：じゃあ運動をちょっとしてみるのはどうですか？ 私は毎朝公園で運動をしていますが、一緒にしますか？ 一人でするよりは退屈じゃなくて良いと思います。

男性：じゃあ、そうしましょうか。運動をすれば良くなりますよね？

女性：もちろんです。じゃあ明日の朝、公園で会いましょう。

27. 二人は明日なぜ公園で会うのですか？

   ❶ 二人が一緒に運動をしようとして
   ② 二人が一緒に病院に行こうとして
   ③ 男性が退屈なので一緒に散歩をしようとして
   ④ 女性が男性に運動を教えてあげようとして

28. 聞いた内容と同じものを選びなさい。

   ① 男性はまだ病院に行っていません。
   ❷ 女性は普段毎朝運動をします。
   ③ 男性は一人で運動を始めようとしています。
   ④ 女性は健康状態が良くないので運動をします。

💡 解答のヒント

27. 매일　毎日（＝항상　いつも、普段）

　　그럼 그럴까요?　 쟈아, 그렇게 할까요? 쟈아、そうしましょうか。

　　➡ 그럼 그렇게 할까요?　 쟈아, 그러니까요?

　　（＝같이 운동할까요?　 一緒に運動をしましょうか。）

---

 20 **[29-30]** 音声を聞いて問いに答えなさい。

여자 : 한국 문화와 고향 문화가 달라서 놀란 적이 있어요.

남자 : 어떤 게 다른데요?

여자 : 한국 친구 집에 가서 신발을 신고 들어갔다가 놀랐어요. 고향에서는 집에
　　　 들어갈 때 신발을 벗지 않아서요.

남자 : 그렇군요. 또 다른 것이 있어요?

여자 : 한국에서는 식사할 때 젓가락과 숟가락을 모두 사용하지만 고향에서는
　　　 포크만 사용해요.

남자 : 그래요? 나라마다 문화가 정말 많이 다르네요.

女性 : 韓国文化と故郷の文化が違うので驚いたことがあります。

男性 : どんなことが違いますか？

女性：韓国の友人の家に行き、靴を履いたまま入って（友人に注意されて）
　　　驚きました。故郷では家に入るとき靴を脱がないので。

男性：そうなんですね。他に違うことがありますか？

女性：韓国では食事をするときに箸とさじを両方使いますが、故郷ではフォー
　　　クだけ使います。

男性：そうですか？ 国ごとに文化が本当にだいぶ違いますね。

29. 二人は何について話をしているのか、当てはまるものを選びなさい。
　　① 故郷の文化の紹介
　　② 韓国文化の種類
　　③ 2つの国の食事文化
　　❹ 2つの国の互いに異なる文化

30. 聞いた内容と同じものを選びなさい。
　　① 2つの国の文化は似たものが多いです。
　　② 男性は2つの国の文化が違うので驚きました。
　　③ 韓国では靴を履いて家に入ってもかまいません。
　　❹ 女性は韓国文化を知らなくて失敗したことがあります。

[31−33] 何についての話ですか。例題のように当てはまるものを選びな
さい。

例題（省略。「問題パターンを知ろう」p.36と同じです。）

31. 昨日は雨が降りました。今日は晴れて暖かいです。
　　① 季節　　② 曜日　　❸ 天気　　④ 時間

32. 私は釣りが好きです。弟（妹）は読書が好きです。
　　① 職業　　② 家族　　❸ 趣味　　④ 場所

33. 部屋にはベッドがあります。机もあります。
　　❶ 家具　　② 計画　　③ 場所　　④ ショッピング

[34-39] 例題 のように（　　）に入る最も適当なものを選びなさい。

例題（省略。「問題パターンを知ろう」p.38と同じです。）

34. 来週から学校は休みです。それで友人たちと旅行（　　）行くつもりです。

① 이　　② 에　　❸ 을　　④ 에서

＊選択肢の訳は省略。解答のヒントを参照。

35. 今日夕方に雨が降ると思います。それで（　　）を持って来ました。

① メガネ　　❷ 傘　　③ 財布　　④ 手袋

36. 1時間宿題をしています。でも（　　）全部できていません。

① すでに　　② さっき　　❸ まだ　　④ しばしば

37. 髪を切りました。今は髪が（　　）。

① 少ないです　　❷ 短いです　　③ 小さいです　　④ 薄いです

38. 服が大きいです。小さなサイズに（　　）。

① 売ります　　② 脱ぎます　　❸ 交換します　　④ 似合います

39. 食べ物が薄味です。塩をもっと（　　）。

❶ 入れます　　② 置きます　　③ 生みます　　④ 分けます

💡 解答のヒント

34. 「旅行に行く」は여행을 가다 / 여행을 하다と言う。여행は場所ではないので、여행에 가다とは言わない。

36. ① 벌써＋-았/었습니다　すでに～しました

② 아까＋-았/었습니다　さっき～しました

③ 아직＋안/못 -았/었습니다
　　まだ～していません／できていません

④ 자주＋-습니다/ㅂ니다　しばしば～します

39. ① 넣다（入れる）　例 가방에 책을 넣습니다.
　　　　　　　　　　　　カバンに本を入れます。

② 놓다（置く）　例 책상에 책을 놓습니다.

　　　　　　　　　　 机に本を置きます。

③ 낳다（生む）　例 아이를 낳습니다.

　　　　　　　　　　 子供を生みます。

[40－42] 次を読んで、合っていないものを選びなさい。

40.

図書館利用案内

📚 火曜日～金曜日　09:00～18:00
📚 週末　　　　　　 10:00～17:00
〈昼休み　13:00～14:00〉
※毎週月曜日は休みます。

① 昼休みは1時間です。

② 土曜日は1時間遅く開きます。

③ 日曜日は早く閉まります。

❹ 図書館は毎日利用できます。

41.

チニさん

授業があるので先に行きます。

今日は雨が降ると思います。

出てくるときに窓を閉めてください。

授業が終わった後、食堂で待っています。

－スミより－

❶ チニが早く出かけました。

② スミがメモを書きました。

③ チニが窓を閉めるでしょう。

④ 二人は食堂で会うつもりです。

42.

```
CCV          あなたと私 (君と僕)

9,000 ウォン   2025-05-05（月）
             5回目 18:30〜20:00
             2館K列7番
```

① 1時間半の間映画を見ます。

② 二人で見ると18,000ウォンです。

③ 映画は午後6時半に始まります。

❹ 座りたい席に座れます。

43.

来週に試験があります。それで毎日友人と図書館に行きます。でも
今日は図書館に席がなく、そのまま家に帰って来ました。

❶ 私は最近試験勉強をしています。

② 私は家で勉強をするのが好きです。

③ 私は友人に会いに図書館に行きます。

④ 私は今日も図書館で勉強しました。

44.

今日私は友人の引っ越し祝いに行き、友人を手伝いました。私は掃
除をし、友人は料理を作りました。友人が作る料理が本当においしかっ
たです。

❶ 友人は料理を上手に作ります。

② 友人は私を手伝ってくれました。

③ 私は今日引っ越し祝いをしました。

④ 私たちは一緒に掃除をしました。

45.

昨日雨が降りました。でも私は傘を持たずに出かけました。それで
友人が私に傘を貸してくれました。今日私は友人に傘を返しました。

① 今雨が降っています。

② 私は友人と一緒に傘を差しました。

❸ 私は昨日友人の傘を借りました。

④ 私は明日友人に傘を渡すつもりです。

[46−48] 次を読んで、中心となる考えを選びなさい。

46.
> テレビを見るとき、横になって見る人が多いです。しかし、横になってテレビを見ると目の健康に良くありません。テレビを見るときは、座って見るのが良いです。

① テレビを頻繁に見てはいけません。

② テレビを見ると目に良くありません。

❸ テレビを見るときは座って見なければなりません。

④ テレビを見るときは横になって見てもいいです。

47.
> 私は最近家で料理をして食べます。料理するのが少し大変ですが、外で食べるより健康に良いです。そしてかかるお金も少ないです。

① 食べ物を自分で作るのは大変です。

② 外で食べる食べ物は健康に良いです。

③ 家で料理をするとお金をたくさん使います。

❹ 自分で食べ物を作って食べるのがいいです。

48.
> 子供のころ、私は静かな性格でした。それで、初めて会った友人とすぐに親しくなれませんでした。でも今は友人ともよく付き合い、話すことも好きです。私は今がいいです。

❶ 私は今の性格が好きです。

② 私は性格を変えたいです。

③ 私は友人をたくさん作りたいです。

④ 私は静かな性格が気に入っています。

[49−50] 次を読んで問いに答えなさい。

> 私は先週末に友人と全州に行ってきました。全州は韓国の伝統文化を見て感じることのできるところとして（　㋐　）。全州には伝統韓国家屋がたくさんありますが、私たちはそこで、うちわ作りなどいろいろなことをしてみました。そして夜には韓国家屋で寝ました。初めて韓国家屋で寝てみたのですが、雰囲気が本当に良かったです。次は両親と一緒にぜひまた行こうと思います。

49. ㋐に入る適当な言葉を選びなさい。
    ① 大切です　　❷ 有名です　　③ 流行します　　④ 面白いです

50. この文章の内容と同じものを選びなさい。
    ① 友人が全州に住んでいます。
    ② 私は夕方家に帰って来ました。
    ③ 両親と一緒に全州に行ってみました。
    ❹ 私は全州でうちわを作ってみました。

解答のヒント

49. ～(으)로 유명하다　～で有名だ
    －기로 유명하다　～（する）ことで有名だ
    例 한국은 김치로 유명합니다.
    　　韓国はキムチで有名です。
    例 한국은 김치가 맛있기로 유명합니다.
    　　韓国はキムチがおいしいことで有名です。

[51−52] 次を読んで問いに答えなさい。

ハングル博物館にお越しください。ハングル博物館ではハングルについての話を聞くことができます。そして、写真を見ながらハングルの歴史についても（　⑦　）。また、ハングル博物館にはハングルで様々な遊びができるところもあり、記念品を買える店もあります。

51. ⑦に入る適当な言葉を選びなさい。
　　① 知るでしょう
　　② 知ることができません
　　③ 知りたいです
　　❹ 知ることができます

52. 何についての話なのか、当てはまるものを選びなさい。
　　❶ ハングル博物館の紹介
　　② ハングル博物館の歴史
　　③ ハングル博物館の位置
　　④ ハングル博物館に行く理由

解答のヒント
　51.　① -을/를 겁니다　～するつもりです（計画）
　　　② -지 못하다　～できない（不可能）
　　　③ -고 싶다　～したい（願望）
　　　④ -을/를 수 있다　～することができる（可能）

[53−54] 次を読んで問いに答えなさい。

私はバスケットボールが好きです。（　㋐　）授業が終わった後には、
よくバスケットボールをします。バスケットボールは2人ですることも
できるし、数人が一緒にすることもできるので良いです。昨日も授業が
終わってバスケットボールコートに行きました。昨日はバスケットボー
ルコートで会った韓国の友人たちとバスケットボールをしました。本当
に面白かったです。

53. ㋐に入る適当な言葉を選びなさい。
   ① そして　　② それなら　　❸ それで　　④ それでも

54. この文章の内容と同じものを選びなさい。
   ① 私は韓国の友人とバスケットボールをしに行きました。
   ② 私は授業がないとよくバスケットボールをします。
   ③ バスケットボールは数人いないとできません。
   ❹ 私は昨日授業が終わった後にバスケットボールをしました。

💡解答のヒント

53. ① 농구를 좋아합니다. 그리고 축구도 좋아합니다.
      バスケットボールが好きです。そしてサッカーも好きです。
   ② 농구를 좋아합니까? 그러면 저와 같이 농구합시다.
      バスケットボールが好きですか？　それなら私と一緒にバスケッ
      トボールをしましょう。
   ③ 농구를 좋아합니다. 그래서 자주 농구를 합니다.
      バスケットボールが好きです。それでよくバスケットボールを
      します。
   ④ 농구를 좋아합니다. 그렇지만 축구는 싫어합니다.
      バスケットボールが好きです。でもサッカーは嫌いです。

[55-56] 次を読んで問いに答えなさい。

> ノリャンジン水産市場に行ってみましたか？ ソウルにある<u>ノリャンジン水産市場は大きくて、魚の種類もとても多様です。</u><u>ここに行けば値段も安く新鮮な魚を買うことができます。</u>そして魚を買ってすぐに食べられる食堂も2階にあります。この食堂ではチゲも（　㋠　）。

55. ㋠に入る適当な言葉を選びなさい。

   ❶ 煮てくれます

   ② 煮なければなりません

   ③ 煮立っています

   ④ 煮方を知っています

56. この文章の内容と同じものを選びなさい。

   ❶ ノリャンジン水産市場の魚は安くて新鮮です。

   ② ノリャンジン水産市場では料理をすることができます。

   ③ ノリャンジン水産市場の2階で魚を買うことができます。

   ④ 私は魚を買いにノリャンジン水産市場によく行きます。

解答のヒント

55. -아/어 주다　〜してあげる・くれる

   ➡ A가 B에게 -아/어 주다　AがBに〜してあげる・くれる

   -아야/어야 하다　〜しなければならない（義務）

   -고 있다　〜している（進行）

   -(으)ㄹ 줄 알다　〜することができる（能力）

   찌개를/도 끓이다　チゲを／も煮る（つくる）

[57－58] 次を順序どおりに並べたものを選びなさい。

57. ❸

(가) それでお金を入れることができませんでした。

(나) 今日、銀行にお金を入れに行きました。

(다) でも通帳を持たずに行きました。

(라) キャッシュカードもなくしたので、ありませんでした。

58. ❷

(가) 私は毎週金曜日に市場に行きます。

(나) そうすると、どうしても必要な物だけ買うことができます。

(다) 冷蔵庫の中を見て、買わなければならない物をメモします。

(라) 市場に行く前にまず冷蔵庫を開いてみます。

💡 解答のヒント

57. 冒頭には「いつ何をしたか」という内容の文（나）が来る。
   그래서（それで）、그런데（しかし）は文章の冒頭には置かれない。
   （라）は「キャッシュカードも～ありませんでした」とあるので、
   その前に「何かがない」という内容の文（다）が来る。

58. 冒頭には「いつ何をするか」という内容の文（가）が来る。冷蔵
   庫を開く（라）、冷蔵庫の中を見る（다）の順になる。

[59-60] 次を読んで問いに答えなさい。

> 私たちは家を探すとき、たいてい不動産屋を利用します。（　㋐　）しかし最近はインターネットでも家を探すことができます。（　㋑　）インターネットを利用すると不動産屋に行くよりも便利で、多様な家の価格を一度に見ることができます。（　㋒　）インターネットで家を探すと、ときどき写真と違うものがあるので、写真だけを見て決定しないで、必ず直接行ってみるのがいいです。（　㋓　）

59. 次の文が入る個所を選びなさい。

> しかし家を探すときに注意すべきこともあります。

　① ㋐　　② ㋑　　❸ ㋒　　④ ㋓

60. この文章の内容と同じものを選びなさい。

　① インターネットでは家の価格を知ることができません。

　② 家を探すときは不動産屋を利用しなければなりません。

　③ 不動産屋を利用するとき注意すべきことがあります。

　❹ インターネットで家を見た後に必ず行ってみるのがいいです。

💡解答のヒント

59. （　　）の後には注意すべき内容が来る。

[61-62] 次を読んで問いに答えなさい。

> 私は昨日夕食を食べた後に、テレビでやっている歌手の公演を見ました。ところが、テレビを見てびっくりしました。テレビに友人が出ていたからです。友人は歌手の公演会場で、歌を大声で後について歌いながら手を振っていました。友人の姿をテレビで見たので（　㋐　）良かったです。

61. ㋑に入る適当な言葉を選びなさい。
① 楽で　　❷ うれしく　　③ 大変で　　④ 似ていて

62. この文章の内容と同じものを選びなさい。
① 私は手を振りながら友人を呼びました。
② 私は歌手の公演会場で友人に会いました。
❸ 友人は歌手の公演を見に公演会場に行きました。
④ 友人が歌手になってテレビに出ました。

[63-64] 次を読んで問いに答えなさい。

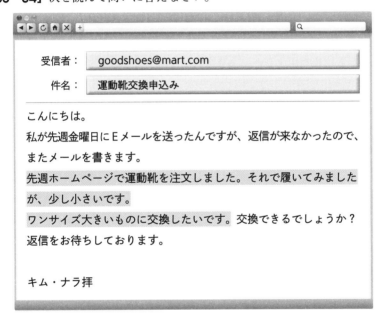

受信者：　goodshoes@mart.com

件名：　運動靴交換申込み

こんにちは。
私が先週金曜日にEメールを送ったんですが、返信が来なかったので、またメールを書きます。
先週ホームページで運動靴を注文しました。それで履いてみましたが、少し小さいです。
ワンサイズ大きいものに交換したいです。交換できるでしょうか？
返信をお待ちしております。

キム・ナラ拝

63. なぜこの文章を書いたのか、当てはまるものを選びなさい。
① 注文方法を調べようとして
② 運動靴をさらに買いたくて
❸ 運動靴のサイズを変えたくて
④ 運動靴のデザインが気に入らなくて

64. この文章の内容と同じものを選びなさい。

① 私は明日運動靴を受け取るでしょう。

② 私は先週返信を受け取りました。

③ 私は初めてEメールを送ります。

❹ 私はインターネットで運動靴を買いました。

[65-66] 次を読んで問いに答えなさい。

> 塩は私たちの生活に様々に使われます。まず食べ物が薄味のときに塩を入れます。そして食べ物を長期間保存して食べたいときに使用することもあります。特に魚料理に塩をたくさん使用します。魚は時間がたつにつれすぐに味が（ ⑦ ）食べられなくなるからです。また野菜を洗うとき塩を使用すると、よりきれいに洗うことができます。

65. ⑦に入る適当な言葉を選びなさい。

❶ 変わるので   ② 変わるし

③ 変わりますが   ④ 変わりましたが

66. この文章の内容と同じものを選びなさい。

① 塩は塩辛さを出すときにだけ使用します。

② 野菜を塩で洗うと新鮮になります。

③ 魚は塩辛いので塩を使用しません。

❹ 塩は食べ物を早く変質しないようにします。

解答のヒント

65.「魚は時間がたつとすぐに味が変わります。それで食べられなくなります。」という意味になる。

-아서/어서　〜（する）ので（理由）

[67-68] 次を読んで問いに答えなさい。

韓国は春、夏、秋、冬の四季があります。春は気候が暖かく、きれいな花をたくさん見ることができます。それで人々は花を見によく行きます。夏は暑いですが、おいしい果物が多いです。秋は涼しく、美しい紅葉を見られるところがとても多いです。冬は寒く、雪がよく降って、冬のスポーツをたくさんすることができます。韓国は各季節の（　㋐　）。

67. ㋐に入る適当な言葉を選びなさい。
   ① 意味が異なります　　② 性格があります
   ③ 雰囲気が似ています　❹ 様相がとても多様です

68. この文章の内容と同じものを選びなさい。
   ❶ 春には花がたくさん咲きます。
   ② 冬には雪が少なく降るほうです。
   ③ 秋には紅葉が色づくので涼しいです。
   ④ 夏には特別なスポーツをすることができます。

[69-70] 次を読んで問いに答えなさい。

少し前に私は面白い本を読みました。警察官が悪人を捕まえ善人を助ける内容でした。私は（　㋐　）警察官になりたくなりました。警察官になるには勉強も一生懸命しなければならないし、運動も一生懸命しなければなりません。それで私は毎日運動を始めました。そして勉強も一生懸命しています。

69. ㋐に入る適当な言葉を選びなさい。
   ① 天気が良いので
   ② 本が好きで
   ③ 健康状態が悪くて
   ❹ その本を読んだ後に

70. この文章の内容からわかることを選びなさい。

① 面白い本を読まなければなりません。

② 警察官は毎日運動をしなければなりません。

③ 警察官になるには、運動さえ得意なら大丈夫です。

❹ 警察官になりたくて運動を始めました。

第2回模擬試験（解答・スクリプト・訳）

解答（括弧内は配点）

聞き取り

1. ② (4)	2. ② (4)	3. ① (3)	4. ④ (3)	5. ③ (4)
6. ② (3)	7. ① (3)	8. ② (3)	9. ③ (3)	10. ① (4)
11. ① (3)	12. ③ (3)	13. ② (4)	14. ① (3)	15. ④ (4)
16. ② (4)	17. ② (3)	18. ④ (3)	19. ① (3)	20. ④ (3)
21. ③ (3)	22. ④ (3)	23. ④ (3)	24. ③ (3)	25. ② (3)
26. ④ (4)	27. ③ (3)	28. ④ (4)	29. ③ (3)	30. ④ (4)

読解

31. ③ (2)	32. ① (2)	33. ④ (2)	34. ② (2)	35. ① (2)
36. ② (2)	37. ④ (2)	38. ② (3)	39. ④ (3)	40. ② (3)
41. ① (3)	42. ② (3)	43. ④ (3)	44. ③ (3)	45. ③ (3)
46. ③ (3)	47. ② (3)	48. ③ (2)	49. ① (2)	50. ④ (2)
51. ③ (3)	52. ② (2)	53. ③ (2)	54. ③ (3)	55. ② (2)
56. ④ (3)	57. ④ (3)	58. ④ (2)	59. ② (2)	60. ③ (2)
61. ② (2)	62. ③ (2)	63. ④ (3)	64. ② (3)	65. ① (2)
66. ③ (3)	67. ④ (3)	68. ④ (3)	69. ③ (3)	70. ④ (3)

🔊 21 **[1-4]** 音声を聞いて、例題のように質問に合う返答を選びなさい。
例題（省略。「問題パターンを知ろう」p.12と同じです。）

1. 내일 일찍 오세요. 明日早めに来てください。
   ① はい、早めに来てください。　❷ はい、早めに来ますね。
   ③ いいえ、遅れません。　④ いいえ、遅れないでください。

2. 한국 사람이 아니에요? 韓国人ではありませんか？
   ① はい、韓国人です。　❷ はい、韓国人ではありません。
   ③ いいえ、韓国人がいません。　④ いいえ、韓国人がいます。

3. 어디에 전화해요?　どこに電話するんですか？

   ❶ 事務室に電話します。　② 友人と電話します。

   ③ 先生と通話しました。　④ 両親から電話が来ました。

4. 이 음식은 어떻게 먹어요?　この食べ物はどのように食べますか？

   ① 今召し上がってください。　② 少し辛いです。

   ③ 食堂で食べます。　❹ 箸で食べます。

💡 解答のヒント

1. 答え方のパターン

   네, -(으)ㄹ게요.　はい、〜しますね。

   네, -겠습니다.　はい、〜します。

   早めに来るという意志を表す表現を選ぶ。

2. 否定疑問文~이 아니에요?（〜ではありませんか？）に対する返答は

   네, ~이/가 아니에요.　はい、〜ではありません。

   아니요, ~이에요/예요.　いいえ、〜です。

3. (장소)에　（場所）に

   例 어디에 전화해요?　どこに電話しますか？

   (사람)에게　（人）に

   例 누구에게 전화해요?　誰に電話しますか？

4. 答え方のパターン

   ~(으)로 먹어요　〜で食べます

   어떻게 -아요/어요?　どのように〜しますか

   例 어떻게 써요?

   　　どのように書きますか（使いますか）？　⎫

   　　어떻게 만들어요?　どのように作りますか？　⎭ → 方法

🔊 22 **[5-6]** 音声を聞いて、例題 のように続く言葉を選びなさい。

例題（省略。「問題パターンを知ろう」p.14と同じです。）

5. 오랜만이에요.　久しぶりです。

  ① さようなら。   ② 大丈夫です。

  ❸ はい、元気でしたか？   ④ さようなら。

6. 노래를 아주 잘하네요.　歌がとても上手ですね。

  ① 大丈夫です。

  ❷ いいえ。

  ③ 失礼します。

  ④ ちょっとお待ちください。

 解答のヒント

5. 答え方のパターン

네, 반가워요.　はい、お会いできてうれしいです。

네, 잘 지냈어요?　はい、元気でしたか？

6. 女性が褒めている。아니에요 は謙遜の「いいえ、いえいえ」の意味。

関連表現

미안해요.（ごめんなさい。）に対しては、괜찮아요.（大丈夫です。）
と言う。

고마워요.（ありがとうございます。）に対しては、아니에요.（いい
え。）と言う。

🔊)) 23 **[7-10]** ここはどこですか。**例題**のように当てはまるものを選びなさい。
例題（省略。「問題パターンを知ろう」p.16 と同じです。）

7. 여자: 이 책 주세요. | 女性：この本ください。
    남자: 네, 만 원입니다. | 男性：はい、1万ウォンです。

  ❶ 書店   ② 公園   ③ 図書館   ④ 博物館

8. 여자: 학생 식당이 어디에 있어요?
    남자: 도서관 옆에 있어요.

女性：学生食堂はどこにありますか？

男性：図書館の横にあります。

① 会社　❷ 学校　③ 公園　④ 書店

9. 여자: 어떻게 오셨어요? ┃ 女性：ご用件は何でしょう？
　　남자: 배가 아파서 왔어요. ┃ 男性：お腹が痛くて来ました。

① 公園　② 食堂　❸ 病院　④ 劇場

10. 남자: 그림을 보러 온 사람이 정말 많네요.
　　여자: 이 화가가 유명해서 그래요.

男性：絵を見に来た人が本当に多いですね。
女性：この画家が有名だからです。

❶ 美術館　② 博物館　③ 映画館　④ 体育館

🔊 24 [11-14] 何について話していますか。例題のように当てはまるものを選びなさい。

例題（省略。「問題パターンを知ろう」p.18と同じです。）

11. 남자: 버스를 탈까요? 지하철을 탈까요?
　　여자: 지하철을 타요.

男性：バスに乗りましょうか？　地下鉄に乗りましょうか？
女性：地下鉄に乗りましょう。

❶ 交通　② 職業　③ 健康　④ 授業

12. 여자: 여기요, 비빔밥 두 그릇 주세요.
　　남자: 네, 잠깐만 기다리세요.

女性：すみません、ピビムパプ（ビビンバ）2つください。
男性：はい、少しお待ちください。

① 味　② 料理　❸ 注文　④ メニュー

13. 남자: 이번 여름에는 제주도에서 보내려고 해요.
    여자: 저는 가족들과 같이 부산에 가기로 했어요.

    男性：この夏には済州島で過ごそうと思います。
    女性：私は家族と一緒に釜山に行くことにしました。

    ① 授業　❷ 休暇　③ 天気　④ 健康

14. 여자: 여기는 제 동생이에요.
    남자: 만나서 반가워요.

    女性：こちらは私の弟（妹）です。
    男性：会えてうれしいです。

    ❶ 紹介　② 位置　③ 約束　④ 計画

💡解答のヒント

12. （음식）주세요（（食べ物）ください）は注文をするときの言い方。

 25 **[15-16]** 対話を聞いて、当てはまる絵を選びなさい。

15. ❹
    여자: 누가 스티븐 씨예요?
    남자: 저기 문 앞에 가방을 메고 서 있는 친구예요.

    女性：誰がスティーブンさんですか？
    男性：あそこのドアの前でカバンを肩に掛けて立っている人です。

16. ❷
    남자: 미선 씨, 일어나지 마세요. 누워 있어요.
    여자: 괜찮아요. 내일 퇴원할 거예요.

    男性：ミソンさん、起き上がらないでください。寝ていてください。
    女性：大丈夫です。明日退院する予定です。

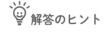解答のヒント

15. 스티븐さんはドアの前にいる。

スティーブンさんはドアの前にいる。

　　가방을 메다　カバンを肩に掛ける、背負う

16. 男性が病院に見舞いに来た。女性はベッドに座っている。

🔊 26【17−21】対話を聞いて、例題のように対話の内容と同じものを選びなさい。

例題（省略。「問題パターンを知ろう」p.22と同じです。）

17. 여자: 길이 많이 막히네요.

남자: 앞에서 사고가 난 것 같아요.

여자: 그럼 저 여기에서 내려주세요.

女性：道路がずいぶん渋滞していますね。

男性：前で事故が起きたようです。

女性：じゃあ私ここで降ろしてください。

① 男性は事故に遭いました。

❷ 女性は車から降りるつもりです。

③ 女性は約束の時間に遅れました。

④ 退勤時間なので道が大変渋滞しています。

18. 남자: 토요일에 집들이를 하려고 하는데 올 수 있어요?

여자: 그래요? 그럼 가야지요. 그런데 몇 시까지 가면 돼요?

남자: 오후 5시쯤 오면 돼요.

여자: 어떡하죠? 그날 제가 일이 있어서 30분쯤 늦을 것 같아요.

男性：土曜日に引っ越し祝いをしようと思いますが、来られますか？

女性：そうですか？　じゃあ行かなければ。ところで何時までに行けば
　　　いいですか？

男性：午後5時ごろ来ればいいです。

女性：どうしましょう。その日私は仕事があって30分くらい遅れそうです。

① 女性は引っ越し祝いに行けません。

② 女性は約束を取り消しました。

③ 男性は土曜日に引っ越しをするでしょう。

❹ 男性は女性を引っ越し祝いに招待しました。

19. 남자: 여보세요? 수미 씨 휴대전화지요?

여자: 네, 그런데 수미 씨가 휴대폰을 두고 나갔어요. 누구시라고 전해 드릴까요?

남자: 아, 그럼 이따가 제가 다시 전화 걸겠습니다.

여자: 네, 알겠습니다.

男性：もしもし。スミさんの携帯電話ですよね？

女性：はい、でもスミさんは携帯電話を置いて外出しました。どなただとお伝えしましょうか？

男性：ああ、じゃあ後で私がまた電話をかけます。

女性：はい、わかりました。

❶ 男性はまた電話をするつもりです。

② 女性はスミさんに代わってくれました。

③ 女性は今スミと一緒にいます。

④ 男性は女性に名前を言いました。

20. 여자: 민수 씨, 점심에 뭘 먹을까요?

남자: 떡볶이 어때요? 집 근처에 맛있는 떡볶이 집이 생겼어요.

여자: 저는 떡볶이는 매워서 못 먹어요. 피자 어때요?

남자: 그래요. 그럼 우리 피자 먹어요.

女性：ミンスさん、お昼に何を食べましょうか？

男性：トッポッキ（トッポギ）どうですか？ 家の近くにおいしいトッポッキ屋ができました。

女性：私はトッポッキは辛くて食べられません。ピザどうですか？

男性：そうですね。じゃあピザを食べましょう。

① 二人は食堂に行きました。

② 男性はトッポッキ（トッポギ）を作りました。

③ 二人はトッポッキを食べるつもりです。

❹ 女性は辛い食べ物が食べられません。

21. 여자: 영수 씨는 스트레스 받는 일 없어요?

남자: 왜 없어요? 많지요. 저는 스트레스를 받으면 운동을 하거나 노래를
해요. 그럼 스트레스가 풀려요. 그런데 무슨 일 있어요?

여자: 요즘 회사일이 너무 힘들어서요.

남자: 그럼 미선 씨도 퇴근 후에 운동을 한번 해 보세요. 운동을 하면 스트
레스도 풀 수 있고 건강에도 좋아요.

女性：ヨンスさんはストレスを受けることないですか？

男性：ないわけないでしょう。多いですよ。私はストレスを受けたら、
運動をしたり歌を歌ったりします。そうするとストレスが解消さ
れます。ところで何かあるんですか？

女性：最近会社の仕事がとても大変で。

男性：じゃあミソンさんも退勤後に運動を一度してみてください。運動
をするとストレスも解消できるし健康にもいいです。

① 男性は健康のために運動をしています。

② 男性はストレスが多くてとても大変です。

❸ 女性は会社の仕事のせいでストレスを受けています。

④ 女性はストレスを解消しようと男性に会いました。

💡解答のヒント

17. 내리다　降りる ➡ 차에서 내립니다.　車から降ります。

19. 전화를 걸다　電話をかける ＝ 전화를 하다　電話をする

21. ～때문에　～のせいで（理由）

🔊 27 **【22－24】** 対話を聞いて、女性の中心となる考えを選びなさい。

22. 여자: 이번 주말에 등산 어때요? 요즘 꽃이 피어서 정말 예쁠 거예요.

    남자: 저는 산을 별로 안 좋아해요. 등산은 힘들고 재미없어요.

    여자: 산에 올라가기는 힘들지만 산 위에 가면 공기도 좋고 꽃도 구경할 수 있어서 좋아요.

    남자: 그럼 같이 가요.

    女性：この週末に登山どうですか？ 最近花が咲いて本当にきれいだろうと思います。

    男性：私は山は別に好きではありません。登山は大変だしつまらないです。

    女性：山に登るのは大変ですが、山の上に行くと空気も良く、花も見物できていいです。

    男性：じゃあ一緒に行きましょう。

    ① 登山は大変なので嫌いです。
    ② 山の上の空気は本当に良いです。
    ③ 花を見物するには山に行かなければなりません。
    ❹ 登山は大変ですが良い点が多いです。

23. 남자: 요즘 계속 할 일을 잊어버려서 큰일이에요.

    여자: 저도 전에는 자주 잊어버렸는데 지금은 아침마다 할 일을 메모하니까 실수가 줄었어요.

    남자: 정말요? 그런데 아침에 할 일이 많은데 메모할 시간이 있어요?

    여자: 그럼요. 다른 사람보다 일찍 출근하면 할 수 있어요.

    男性：最近続けてやるべきことを忘れてしまい困っています。

    女性：私も前はよく忘れましたが、今は毎朝することをメモするのでミスが減りました。

    男性：本当ですか？ でも朝はやることが多いのにメモする時間がありますか？

    女性：もちろんです。他の人よりも早く出勤すればできます。

第２回模擬試験（解答・スクリプト・訳）

103

① 誰でもミスをすることがあります。
② 他の人よりも早く出勤しなければなりません。
③ 朝は忙しくてメモする時間がありません。
❹ メモをすればやるべきことを忘れません。

24. 남자: 와, 이 사진 좀 보세요. 정말 잘 찍었죠?
　　여자: 이제 사진 그만 찍고 저기 경치 좀 보세요.
　　남자: 그런데 사진을 안 찍으면 나중에 다시 볼 수 없어요.
　　여자: 경치는 직접 눈으로 보는 게 훨씬 더 아름다워요.

　　男性：わあ、この写真ちょっと見てください。本当によく撮れたでしょ
　　　　　う？
　　女性：もう写真を撮るのは止めて、あの景色をちょっと見てください。
　　男性：でも写真を撮らないと後でまた見られません。
　　女性：景色は直に目で見るほうがはるかに美しいです。

① 景色の写真は必要ありません。
② 景色の写真はどうしても撮らなければなりません。
❸ 景色は写真より直に見るのがいいです。
④ 景色は写真で見るほうが美しいです。

🔊 28 [25-26] 音声を聞いて問いに答えなさい。

여자: 오늘은 저의 꿈에 대해서 이야기하겠습니다. 저는 어렸을 때부터 의사가
　　　되고 싶었습니다. 사람들은 의사가 멋있는 직업이라고 생각하지만 사실
　　　의사는 아주 힘든 직업입니다. 하지만 저는 일이 힘들어도 아픈 사람들을
　　　치료하는 의사가 되어 열심히 일을 하고 싶습니다. 그래서 사람들에게 꼭
　　　필요한 의사가 될 것입니다.

女性：今日は私の夢について話します。私は幼いころから医師になりたかっ
　　　たです。人々は医師が素敵な職業だと考えますが、実際医師はとても
　　　大変な職業です。しかし、私は仕事が大変でも病気の人々を治療する
　　　医師になり、一生懸命仕事をしたいです。そうして人々に必ず必要な
　　　医師になろうと思います。

25. 女性が何について話しているのか、当てはまるものを選びなさい。
　　① 昨夜の夢について
　　❷ なりたい職業について
　　③ 医師がする仕事について
　　④ 人々が好きな職業について

26. 聞いた内容と同じものを選びなさい。
　　① 医師はどうしても必要な人です。
　　② 医師は大変でも患者を治療しなければなりません。
　　③ 私は医師が素敵な職業だと思います。
　　❹ 私は病気の人たちに助けになりたいです。

解答のヒント
25. 꿈（夢）は、未来にしたいこと。
　　（직업)이/가 되다　（職業）になる
　　例 경찰관이 되고 싶습니다.　警察官になりたいです。
　　例 선생님이 되었습니다.　先生になりました。

🔊 29 【27-28】音声を聞いて問いに答えなさい。

남자: 김 박사님, 안녕하세요? 여름에는 날씨가 더워서 운동을 하기 힘든데요. 어떻게 하면 건강하게 운동을 할 수 있을까요?

여자: 여름에는 낮에 날씨가 덥기 때문에 아침이나 저녁에 운동을 하시는 것이 좋습니다.

남자: 아, 그렇군요.

여자: 그리고 운동 시간은 30분에서 1시간 정도로 짧게 하시고, 가벼운 운동을 하시는 것이 좋습니다. 그리고 운동을 하면서 물을 자주 마셔야 합니다.

남자: 네, 좋은 말씀 감사합니다.

男性：キム博士、こんにちは。夏は暑くて運動するのが大変ですが。どうしたら健康的に運動ができるでしょうか？

女性：夏は昼間暑いので、朝や夕方に運動をするのがいいです。

男性：ああ、そうなんですね。

女性：そして運動時間は30分から1時間程度と短くし、軽い運動をされる
のがいいです。そして運動をしながら水をこまめに飲まなければなり
ません。

男性：はい、貴重なお言葉ありがとうございます。

27. 何について話しているのか、当てはまるものを選びなさい。
   ① 夏場の運動時間
   ② 夏場の運動の種類
   ❸ 夏場の健康的な運動法
   ④ 夏場の運動の良い点

28. 聞いた内容と同じものを選びなさい。
   ① 夏には水をたくさん飲まなければなりません。
   ② 夏は運動をするのに良い季節です。
   ③ 夏に運動をすると健康になれます。
   ❹ 夏には運動時間を短くしなければなりません。

 解答のヒント

27.　여름에는 <u>어떻게 하면</u> 건강하게 운동을 할 수 있을까요?
　　　　　　방법
　　夏にはどうしたら健康的に運動ができるでしょうか？
　　　　　方法

🔊 30 **[29-30]** 音声を聞いて問いに答えなさい。

여자: 한국 요리를 할 줄 알아요?

남자: 네, 조금 할 줄 알아요. 한국 친구한테서 몇 가지를 배웠어요. 얼마 전에
김치찌개 끓이는 것을 배웠는데 어렵지 않았어요.

여자: 그래요? 그럼, 저도 가르쳐 주세요. 이번 방학에 고향에 가서 가족들에게
한국 음식을 해 주고 싶어요.

남자: 우선 물부터 끓이세요. 그 다음에 김치와 돼지고기를 작게 썰어서 넣으세요.

여자: 그 다음에는 어떻게 해요?

남자: 조금 끓인 후에 맛을 보고 소금을 넣으면 돼요. 어때요? 간단하지요?

女性：韓国料理を作れますか？

男性：はい、少しできます。韓国の友人からいくつか習いました。先日キムチチゲを作る方法を習いましたが、難しくありませんでした。

女性：そうですか？ じゃあ、私も教えてください。今回の学校の休みに故郷に行って、家族に韓国の食べ物を作ってあげたいです。

男性：まずお湯を沸かしてください。その次にキムチと豚肉を小さく刻んで入れてください。

女性：その次はどうしますか？

男性：少し煮込んだ後に味をみて塩を入れればいいです。どうですか？ 簡単でしょう？

29. 女性はなぜ韓国料理を習おうとするのか、当てはまるものを選びなさい。
    ① キムチチゲが好きだから
    ② アルバイトをしようとして
    ❸ 家族に作ってあげようとして
    ④ 故郷の友人に教えてあげようとして

30. 聞いた内容と同じものを選びなさい。
    ① 男性はキムチチゲだけ作ることができます。
    ② 女性は本を読んで韓国料理を学びました。
    ③ キムチチゲを作るときはまず初めに味をみます。
    ❹ 男性は女性にキムチチゲを作る方法を教えてあげました。

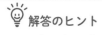
30. 가르쳐 주세요　教えてください ＝ 알려 주세요　知らせてください
    ＝ 말해 주세요　言ってください
    例 명동에 어떻게 가는지 가르쳐 주세요.
    明洞にどう行くか教えてください。
    가르치다　教える ⇔ 배우다　習う
    例 저는 고향에서 한국어를 가르치고 싶습니다.
    私は故郷で韓国語を教えたいです。

[31－33] 何についての話ですか。例題のように当てはまるものを選びなさい。

例題（省略。「問題パターンを知ろう」p.36と同じです。）

31. 春には花が咲きます。秋には紅葉が色づきます。
    ① 天気　　② 場所　　❸ 季節　　④ 曜日

32. スミは服を買います。ミンスは靴を買います。
    ❶ ショッピング　　② 家族　　③ 食べ物　　④ 友人

33. 今日は友人が故郷に帰りました。悲しいです。
    ① 卒業　　② 約束　　③ 失敗　　❹ 気分

33. 슬픕니다 (悲しいです) は気分を表す言葉。
    気分を表す言葉：기쁩니다　うれしいです／슬픕니다　悲しいです
    　　　　　　　　좋습니다　良いです／나쁩니다　悪いです

[34-39] 例題 のように（　　）に入る最も適当なものを選びなさい。

例題（省略。「問題パターンを知ろう」p.38と同じです。）

34. （　　）に行きます。飛行機に乗ります。

   ① 駅　　❷ 空港　　③ 停留所　　④ 旅行会社

35. 映画を見ます。映画（　　）おもしろいです。

   ❶ が　　② を　　③ に　　④ で

   ＊選択肢の訳は省略。解答のヒントを参照。

36. （　　）野菜を洗います。その次に野菜を刻みます。

   ① まだ　　❷ まず　　③ しばしば　　④ さっき

37. 昨日部屋の掃除をしました。部屋が本当に（　　）。

   ① 小さいです　　② 良いです　　③ 静かです　　❹ 清潔です

38. 遅く起きました。学校に（　　）。

   ① 立ち寄りました　　❷ 遅刻しました

   ③ 出勤しました　　④ 出発しました

39. コンピューターが起動しません。コンピューターが（　　）。

   ① 買いました　　② 直しました

   ③ 送りました　　❹ 故障しました

💡 解答のヒント

35. ~이/가 形容(動)詞　~が 形容(動)詞

   例 영화가 재미있습니다. 映画がおもしろいです。

   ~을/를 動詞　~を 動詞

   例 영화를 봅니다. 映画を見ます。

36. 그 다음에 （その次に）という順序を表す言葉があるので、その前
には 먼저 （まず）が来る。

[40-42] 次を読んで、合って<u>いない</u>ものを選びなさい。

40.

春の花フェスティバル

美しい音楽と共に行われるフェスティバル

場所：ヨイド漢江公園

日時：4月9日〜4月16日

★ 春の花フェスティバルにお越しになると、100名
の方にささやかなプレゼントを差し上げます。

① 春の花フェスティバルは1週間行います。

❷ フェスティバルに行くと全員プレゼントをもらいます。

③ フェスティバルに行くと音楽を聞くことができます。

④ 漢江公園に行くと花を見物できます。

41.

月曜日	火曜日	水曜日	木曜日	金曜日	土曜日	日曜日
☀	🌧	☀	☀	☀	☁	🌨
6℃	1℃	3℃	0℃	2℃	-2℃	-8℃

❶ 土曜日に天気が良いです。

② 日曜日の気温が一番低いです。

③ 火曜日には傘が必要です。

④ 月曜日は公園で散歩するのにいいです。

42.

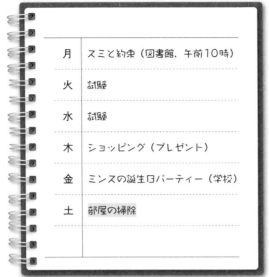

月	スミと約束（図書館、午前10時）
火	試験
水	試験
木	ショッピング（プレゼント）
金	ミンスの誕生日パーティー（学校）
土	部屋の掃除

① 試験は2日間受けます。

❷ 土曜日に外に出る予定です。

③ 金曜日にミンスに会う予定です。

④ 月曜日に図書館に行く予定です。

💡解答のヒント

41. 土曜日は曇り

42. 이틀 は2日（間）という意味。期間を表す言い方には他に 하루（1
日）、사흘（3日）、나흘（4日）などがある。

[43-45] 次の内容と同じものを選びなさい。

43. 最近私は月曜日と火曜日にギターを習いに行きます。まだ上手に弾
けませんが、ギターを弾くと気分が良いです。一生懸命練習して、友
人たちの前で弾きたいです。

① 私はギターをとても上手に弾きます。

② 私はギターを習いたいです。

③ 私は友人と一緒にギターを習っています。

❹ 私は1週間に2回ギターを習っています。

44. 私は友人と故郷の食べ物を作りました。友人は中国の食べ物を作り、私はベトナムの食べ物を作りました。私たちは昼食を全部食べた後に、家で映画も見ました。

① 私たちは映画館に行きました。

② 私たちは夕方に会いました。

❸ 友人と私は故郷が違います。

④ 友人は食べ物が作れません。

45. 私は通帳を作りに銀行に行きました。ところが外国人登録証を持って行きませんでした。それで通帳を作れず、そのまま家に帰って来なければなりませんでした。

① 私は通帳を作りました。

② 私は忙しくて銀行に行けませんでした。

❸ 私は身分証を持って行きませんでした。

④ 私は外国人登録証がまだありません。

解答のヒント

45. 외국인 등록증　外国人登録証 ➡ 신분증　身分証

[46−48] 次を読んで、中心となる考えを選びなさい。

46. チュソク（中秋節）は韓国の大きな祭日のうちの一つです。それで今日から3日間連休です。祭日には家族が集まるので、チュソクに故郷に帰る人たちが多いです。

① チュソクには3日間休みます。

② 祭日には人々が多いです。

❸ 祭日には家族と一緒に過ごします。

④ 韓国には祭日が一つあります。

47.
> 携帯電話を長時間見過ぎると、目の健康に良くありません。そして携帯電話を見ながら道を渡ると事故が起きることもあります。このように良くない習慣は直さねばなりません。

① 携帯電話を見てはいけません。

❷ 悪い携帯電話の使用習慣は直さねばなりません。

③ 携帯電話を見過ぎると目が悪くなることがあります。

④ 携帯電話のために問題がたくさん起きて心配です。

48.
> 私は帽子が好きです。それで外出するとき必ず帽子を被って出かけます。ところが昨日帽子を被ってお爺さんに挨拶して怒られました。これからは帽子を脱いで挨拶をしなければなりません。

① お爺さんに挨拶をするとき帽子を被ります。

② 外出するとき帽子を被って出かけなければなりません。

❸ 目上の人に挨拶するときは帽子を脱がなければなりません。

④ 目上の人に会ったら必ず挨拶をするのがいいです。

💡 解答のヒント

46. 人々は祭日を家族と一緒に過ごそうと故郷に帰る。

47. 携帯電話を長時間見ること、歩きながら携帯電話を見ることなどの悪い習慣は直さなければならない。

48. お爺さんに挨拶するとき、帽子を脱いで挨拶しなければならない。

　　할아버지　お爺さん ➡ 어른　目上の人

[49-50] 次を読んで問いに答えなさい。

私は姉が1人います。姉は大学でデザインを勉強していますが、とても面白く性格が明るいです。私たちは写真を撮るのが好きです。それで、韓国に来る前には姉と週末には写真をたくさん撮りました。でも最近電話を頻繁にかけられなくて姉がとても（ ⑦ ）。

49. ⑦に入る適当な言葉を選びなさい。

❶ 恋しいです　　② 複雑です　　③ 賢いです　　④ 面白いです

50. この文章の内容と同じものを選びなさい。

① 姉は大学生ですが、最近とても忙しいです。
② 今姉と私は一緒に韓国にいます。
③ 私は韓国に来た後に姉としばしば通話しています。
❹ 私と姉は二人とも写真を撮るのが好きです。

[51-52] 次を読んで問いに答えなさい。

韓国の地下鉄は安全です。そして交通カードを使用できるので、利用するのが便利です。ソウルの地下鉄は1号線から9号線までありますが、号線ごとに色が（ ⑦ ）行きたい駅を簡単に見つけることができます。そして案内放送が流れて、どの駅なのか簡単に知ることができます。そして65歳以上の老人は無料で地下鉄を利用することもできます。

51. ⑦に入る適当な言葉を選びなさい。

① 違うと　　② 違ったり　　❸ 違うために　　④ 違いはするが

52. 何についての話なのか、当てはまるものを選びなさい。

① 地下鉄の種類
❷ 地下鉄の良い点
③ 地下鉄利用方法
④ 地下鉄で守るべきこと

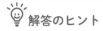解答のヒント

51. <u>색이 다릅니다. 그래서</u> 가고 싶은 역을 쉽게 찾을 수 있습니다.
　　　　　(이유)

<u>色が違います。それで</u>行きたい駅を簡単に見つけることができます。
　　　　(理由)

理由を表す表現　－아서/어서 ＝ －기 때문에

[53－54] 次を読んで問いに答えなさい。

　私の趣味は登山です。それで時間があれば登山に行きます。一人で行くときもあるし、友人と一緒に行くときもあります。この週末には友人と登山に（　㉠　）。でも天気予報で週末に雨が降ると言っていました。天気のせいで約束を取り消さなければならず、気分が良くないです。

53. ㉠に入る適当な言葉を選びなさい。
　① 行っています　　　　② 行ってはいけません
　❸ 行くことにしました　④ 行ったことがあります

54. この文章の内容と同じものを選びなさい。
　① 私はいつも一人で登山に行きます。
　② この週末には友人と会うつもりです。
　❸ 週末に雨が降るので登山に行けません。
　④ 私は雨が降る日に気分が良くありません。

解答のヒント

53. －기로 하다　～することにする（約束）
　① －고 있다　～ている（進行）
　② －(으)면 안 되다　～してはならない（禁止）
　④ －(으)ㄴ 적이 있다　～したことがある（経験）

[55−56] 次を読んで問いに答えなさい。

　韓国ではチャジャン麺からピザまで、ほとんどすべての食べ物を配達してくれます。またマートで買った物も家まで配達してくれてとても便利です。このような配達文化は、忙しい韓国人たちにとても重要な生活文化です。（　㋐　）外国人たちも好む韓国文化の中の一つです。

---

55. ㋐に入る適当な言葉を選びなさい。

　　① しかし　　② ところで　　❸ そして　　④ そうすると

56. この文章の内容と同じものを選びなさい。

　　① 韓国人たちはみんな忙しいです。
　　② マートで物を買うと便利です。
　　③ 韓国ではすべての食べ物を配達します。
　　❹ 外国人たちは韓国の配達文化が好きです。

[57−58] 次を順序どおりに並べたものを選びなさい。

57. ❹

　　(가) 財布の中の写真をぜひ見つけたいです。
　　(나) 財布を見た方はぜひ連絡してください。
　　(다) 昨日図書館の近くで財布をなくしました。
　　(라) その財布の中には家族の写真と身分証があります。

58. ❹

　　(가) ぜひいらっしゃって見物してください。
　　(나) 飲み物とお菓子も準備しました。
　　(다) 私たちの同好会では写真展示会を開きます。
　　(라) 展示会は午前9時から午後6時までです。

解答のヒント

57. 冒頭には「いつ何があったか」という内容の文（다）が来る。財
　　布の中に写真があること（라）を述べてから、写真を見つけたい（가）
　　と言うのが自然な流れ。

58. 冒頭には「何をするか」という内容の文（다）が来る。次に展示
　　会についての情報（開催時間）（라）が続き、付加的な情報（나）
　　が続くのが自然な流れ。

[59－60] 次を読んで問いに答えなさい。

> （　㉠　）誕生日や結婚式のようなうれしい日に、私たちはプレゼン
> トをします。（　㉡　）そんなときは、まずプレゼントをもらう人の年
> 齢や趣味などをよく考えるといいです。（　㉢　）そして何のために祝
> うのかを考えると、どんなプレゼントをするか決めるのが楽になります。
> （　㉣　）

59. 次の文が入る個所を選びなさい。

> プレゼントを選ぶとき、何を買うべきかわからないときが多いです。

　① ㉠　　❷ ㉡　　③ ㉢　　④ ㉣

60. この文章の内容と同じものを選びなさい。
　① プレゼントを選ぶとき年齢は重要ではありません。
　② プレゼントをするときは、渡す人がうれしければいいです。
　❸ なぜプレゼントを買うのか考えると選びやすいです。
　④ プレゼントを買うときは自分の気に入るものを買えばいいです。

解答のヒント

60. 무슨 일로 축하를 하는 지　何のために祝うのか
　➡ 왜 선물을 사는지　なぜプレゼントを買うのか

117

[61-62] 次を読んで問いに答えなさい。

　私は運動が好きです。それで毎日夕方（　㋐　）**公園に行きます。**公園に行くと、ランニングのできるところがあります。そこで毎日30分ずつランニングをします。**ランニングをするとストレスが解消されます。**運動を毎日するので、健康状態も良くなるようです。これからずっと運動をする計画です。

---

61. ㋐に入る適切な言葉を選びなさい。
　① 運動をして　　　　❷ 運動をしに
　③ 運動をするので　　④ 運動をする前に

62. この文章の内容と同じものを選びなさい。
　① 私は毎朝公園に行きます。
　② 私は運動を毎日しません。
　❸ ランニングをするとストレスが解消されます。
　④ 公園でランニングをする人が多いです。

💡解答のヒント

61. 　（　㋐　）の文は 그래서（それで、だから）で始まっているので、
　　理由を表す③ -니까 は使えない。
　　-(으)러 가다　〜しに行く
　　例 소포를 보내러 우체국에 갑니다.
　　　小包を送りに郵便局に行きます。

[63-64] 次を読んで問いに答えなさい。

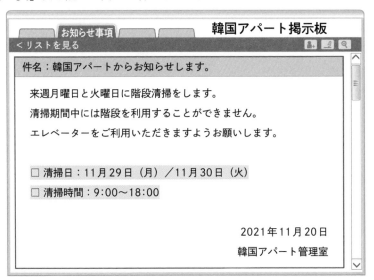

63. なぜこの文章を書いたのか、当てはまるものを選びなさい。

① 清掃場所を変えようとして

② 清掃計画を尋ねようとして

③ 清掃理由を説明しようとして

❹ 清掃日と時間を知らせようとして

64. この文章の内容と同じものを選びなさい。

① 階段清掃は午後8時まで行います。

❷ 2日間階段清掃をする予定です。

③ 階段清掃は火曜日に始まる予定です。

④ 清掃期間中エレベーターを利用することができません。

[65-66] 次を読んで問いに答えなさい。

> イチゴは多くの人々が好む果物です。そのまま食べてもおいしいですが、多様な方法でいろいろな食べ物を作ることができます。イチゴと砂糖を一緒に長い間（　㋐　）イチゴジャムになります。そしてイチゴと冷たい氷でジュースも作ります。またイチゴでおいしいケーキを作ることもあります。このようにイチゴは多様な食べ方のできる果物です。

65. ㋐に入る適切な言葉を選びなさい。

   ❶ 煮ると　　② 煮て　　③ 煮るから　　④ 煮ますが

66. この文章の内容と同じものを選びなさい。

   ① イチゴジュースは作るのが難しいです。
   ② イチゴは果物として食べてこそおいしいものです。
   ❸ イチゴを使用した多様な食べ物があります。
   ④ 人々はイチゴよりもイチゴケーキが好きです。

 解答のヒント

65. -(으)면 ~이/가 되다　　～すると～になる
   例 오랫동안 끓이면 딸기잼이 됩니다.
   　　　長い間煮るとイチゴジャムになります。

[67-68] 次を読んで問いに答えなさい。

> 黄砂は主に3月から4月まで多く発生します。黄砂は、砂と小さな石が風とともに吹いて来るものです。黄砂が発生したら、特別に健康に注意しなければなりません。砂が人の鼻や口に入ると、悪い病気になることがあるためです。それで黄砂の風が吹くときは、普段よりももっと（　㋐　）。

67. ㋐に入る適切な言葉を選びなさい。

① 家にいなければなりません

② 運動をしなければなりません

③ 風がたくさん吹くでしょう

❹ 健康に関心を持たねばなりません

68. この文章の内容と同じものを選びなさい。

① 黄砂は冬と春に発生します。

② 黄砂は韓国でだけ見ることができます。

③ 黄砂は別に気にする必要がありません。

❹ 黄砂の砂は健康に良くないことがあります。

 解答のヒント

67. 3文目の황사가 생기다（黄砂が発生する）は、最後の文で황사 바람이 불다（黄砂の風が吹く）と言い換えられている。3文目が「黄砂が発生したら、健康に注意しなければなりません」という意味なので、㋐には、「健康に注意しなければならない」と同じ意味を持つ文が来る。

68. ① 3월에서 4월까지（3月から4月まで）➡ 봄（春）

② 文章には 한국에서만（韓国でだけ）とは書かれていない。

[69-70] 次を読んで問いに答えなさい。

> 昨日うちの隣に新しい隣人が引っ越して来ました。お爺さん、お婆さん、お母さん、お父さん、子供が2人もいる大人数の家族でした。私は新たに引っ越して来た家族と歓迎の挨拶をしました。そして夕方には一緒にご飯を食べ、笑いながら話をしました。時間がすぐに過ぎて行くようでした。隣の家族と一緒にいて、本当によかったです。これからも（　㋐　）。

69. ㉠に入る適切な言葉を選びなさい。

① 慣れ親しまないでしょう

② お互い仲良くすることはできません

❸ 親しく過ごすことでしょう

④ 難儀に感じそうで心配です

70. この文章の内容からわかることを選びなさい。

① うちの家族は人数が多いです。

② 私は隣の家が引っ越して行って残念でした。

③ 私は昨日隣の家が引っ越すのを手伝いました。

❹ 私は昨日隣の家の家族と楽しい時間を過ごしました。

 解答のヒント

식구：1つの家で一緒に暮らしながら食事を共にする人

第3回模擬試験（解答・スクリプト・訳）

解答（括弧内は配点）

聞き取り

1. ② (4)	2. ④ (4)	3. ③ (3)	4. ① (3)	5. ① (4)
6. ③ (3)	7. ④ (3)	8. ① (3)	9. ① (3)	10. ④ (4)
11. ④ (3)	12. ① (3)	13. ① (4)	14. ② (3)	15. ① (4)
16. ② (4)	17. ③ (3)	18. ④ (3)	19. ① (3)	20. ① (3)
21. ③ (3)	22. ④ (3)	23. ④ (3)	24. ③ (3)	25. ④ (3)
26. ③ (4)	27. ① (3)	28. ④ (4)	29. ① (3)	30. ④ (4)

読解

31. ④ (2)	32. ① (2)	33. ① (2)	34. ④ (2)	35. ④ (2)
36. ② (2)	37. ② (3)	38. ① (2)	39. ④ (3)	40. ① (3)
41. ④ (3)	42. ③ (3)	43. ② (3)	44. ② (2)	45. ④ (3)
46. ④ (3)	47. ② (3)	48. ④ (3)	49. ④ (2)	50. ② (2)
51. ① (3)	52. ④ (2)	53. ③ (2)	54. ① (3)	55. ② (2)
56. ④ (3)	57. ② (3)	58. ② (2)	59. ③ (2)	60. ③ (3)
61. ③ (2)	62. ④ (2)	63. ④ (2)	64. ② (3)	65. ① (2)
66. ④ (3)	67. ④ (3)	68. ④ (3)	69. ③ (3)	70. ③ (3)

🔊 31 **[1−4]** 音声を聞いて、例題 のように質問に合う返答を選びなさい。

例題（省略。「問題パターンを知ろう」p.12と同じです。）

1. 동생이 있어요?　弟（妹）がいますか？
   ① はい、弟（妹）が素敵です。
   ❷ はい、弟（妹）がいます。
   ③ いいえ、弟（妹）ではありません。
   ④ いいえ、弟（妹）が面白いです。

123

2. 숙제<mark>했어요?</mark> 宿題しましたか？
   ① はい、宿題をします。　　② はい、宿題が難しいです。
   ③ いいえ、宿題が簡単でした。　❹ いいえ、宿題をしていません。

3. 집에 <mark>자주 전화해요?</mark> 家によく電話しますか？
   ① はい、今通話しています。　② はい、手紙を書きます。
   ❸ いいえ、ときどきします。　④ いいえ、家に電話します。

4. 사과 <mark>몇 개</mark> 드릴까요? リンゴ<mark>いくつ</mark>差し上げましょうか。
   ❶ 3つください。　　　　　② 3名です。
   ③ 3千ウォンです。　　　　④ 3人分ください。

 解答のヒント

1. 答え方のパターン
   네, ~이/가 있어요　はい、～がいます（あります）
   아니요, ~이/가 없어요　いいえ、～がいません（ありません）

2. 答え方のパターン
   네, -았어요/었어요　はい、～しました
   아니요, -지 않았어요　いいえ、～しませんでした
   아니요, 안 -았어요/었어요　いいえ、～しませんでした

3. 答え方のパターン
   네, 자주 전화해요.　はい、よく電話します。
   아니요, 가끔 전화해요.　いいえ、ときどき電話します。
   아니요, 거의 안 해요.　いいえ、ほとんどしません。

4. 몇 개（いくつ）に対しては、한 개（1つ）、두 개（2つ）、세 개（3つ）
   …のように答える。

🔊 32 **[5-6]** 音声を聞いて、例題のように続く言葉を選びなさい。

例題（省略。「問題パターンを知ろう」p.14と同じです。）

5. 여기에서 사진을 찍지 마세요. ここで写真を撮らないでください。

   ❶ わかりました。   ② うれしいです。

   ③ 大丈夫です。   ④ ありがとうございます。

6. 안녕하세요? 저는 김수미입니다. こんにちは。私はキム・スミです。

   ① はい、そうですが。

   ② 気をつけて行ってらっしゃい。

   ❸ 会えてうれしいです。

   ④ 少しお待ちください。

💡 解答のヒント

5. 答え方のパターン

   알겠습니다. わかりました。／네. はい。

6. 初対面で挨拶する場面

🔊 33 **[7-10]** ここはどこですか。例題のように当てはまるものを選びなさい。

例題（省略。「問題パターンを知ろう」p.16と同じです。）

7. 여자: 이 구두 얼마예요?　｜　女性：この靴いくらですか？
   남자: 25,000원이에요.　｜　男性：25,000ウォンです。

   ① 花屋　　② パン屋　　③ 服屋　　❹ 靴屋

8. 여자: 선생님, 제가 칠판을 지울게요.
   남자: 네, 고마워요.

   女性：先生、私が黒板を消します。
   男性：はい、ありがとう。

   ❶ 教室　　② 病院　　③ 図書館　　④ 事務室

第3回模擬試験（解答・スクリプト・訳）

125

9. 여자: 어떻게 오셨어요?　　　　　女性：ご用件は何ですか？
　　남자: 소화제 좀 주세요.　　　　　男性：消化剤ちょっとください。

　　❶ 薬局　　② 銀行　　③ 教室　　④ 公園

10. 여자: 입장권 두 장 주세요.　　　女性：入場券2枚ください。
　　남자: 여기 있습니다.　　　　　　男性：どうぞ。

　　① 劇場　　② スーパーマーケット　　③ 事務室　　❹ チケット売り場

解答のヒント
9. 消化剤は薬の種類で胃腸薬のこと。薬を買う場面。
10. 入場券はチケット売り場で買う。

🔊 34 **【11−14】** 何について話していますか。例題のように当てはまるものを選びなさい。

例題（省略。「問題パターンを知ろう」p.18と同じです。）

11. 남자: 요즘 비가 자주 오는 것 같아요.
　　여자: 네, 여름에는 비가 자주 와요.

　　男性：最近雨がよく降るようですね。
　　女性：ええ、夏には雨がよく降ります。

　　① 便り　　② 旅行　　③ 外出　　❹ 梅雨

12. 여자: 저분은 누구세요?
　　남자: 옆집에 사는 분이에요.

　　女性：あの方はどなたですか？
　　男性：隣の家に住む方です。

　　❶ 隣人　　② 主人　　③ 親戚　　④ 家族

13. 남자: 대학교에서 뭘 공부하고 있어요?
   여자: 역사를 공부하고 있어요.

   男性: 大学で何を勉強していますか？
   女性: 歴史を勉強しています。

   ❶ 専攻　　② 授業　　③ 計画　　④ 試験

14. 여자: 한국에서는 설날에 뭐 해요?
   남자: 가족들과 떡국을 먹어요.

   女性: 韓国では正月に何をしますか？
   男性: 家族とトックク（もち入りスープ）を食べます。

   ① 休日　　❷ 祭日　　③ 週末　　④ 暦

解答のヒント

13. 関連表現　전공이 뭐예요?　専攻は何ですか？
   – 역사학입니다.　– 歴史学です。
14. 설날　正月、추석　チュソク（中秋節）➡ 명절　祭日

🔊 35 【15-16】対話を聞いて、当てはまる絵を選びなさい。

15. ❶
   여자: 책상이 무거운데 같이 좀 들어 줄래요?
   남자: 네, 제가 여기를 들게요.

   女性: 机が重いんですが、一緒に持ってくれますか？
   男性: はい、私がここを持ちます。

16. ❷
   여자: 드라마 할 시간이에요. 빨리 텔레비전을 켜요.
   남자: 그래요? 알겠어요.

女性：ドラマを放送する時間です。<mark>早くテレビをつけてください。</mark>

男性：そうですか？　わかりました。

💡 解答のヒント

15. 女性と男性が重そうな机を一緒に持つ。

16. 女性と男性がテレビを見ようとしている。

🔊 36 **[17－21]** 対話を聞いて、例題のように対話の内容と同じものを選びなさい。

例題（省略。「問題パターンを知ろう」p.22 と同じです。）

17. 여자: 저기…… 냉장고를 사고 싶은데 크지 않으면 좋겠어요.

　　남자: 이 냉장고는 어떠세요? 아래는 김치를 따로 넣을 수 있어서 손님들
　　　　에게 인기가 많아요.

　　여자: 좋네요. 그런데 <mark>김치 냉장고가 따로 있어서요. 다른 거 좀 더 보여 주
　　　　세요.</mark>

　　女性：あの…冷蔵庫を買いたいんですが、大きくないといいんですけど。

　　男性：この冷蔵庫はどうですか？　下はキムチを別に入れることができ
　　　　るので、お客様たちにとても人気があります。

　　女性：いいですね。でも<mark>キムチ冷蔵庫が別にあるので。他の物をもう少
　　　　し見せてください。</mark>

　　① 女性は大きな冷蔵庫を買いたいです。

　　② 女性はキムチ冷蔵庫を買いに来ました。

　　❸ 女性はさらに他の冷蔵庫も見るでしょう。

　　④ 女性は男性が推薦した冷蔵庫が気に入っています。

18. 여자: 저쪽에 사람들이 많이 있네요.

　　남자: 누가 다친 것 같아요. 구급차가 와 있어요.

　　여자: 그래요? 우리도 가서 도와줄까요?

　　남자: <mark>우리가 할 수 있는 일이 없을 거예요. 여기에 있는 게 좋겠어요.</mark>

女性：あっちに人がたくさんいますね。

男性：誰かケガをしたようです。救急車が来ています。

女性：そうですか？　私たちも行って手伝いましょうか？

男性：私たちができることはないでしょう。ここにいるのが良さそうです。

① 女性は助けに行きました。

② 男性は救急車を呼びました。

③ 女性は事故が起きて大ケガをしました。

❹ 男性は行かないのが良いと考えています。

19. 여자: 안녕하세요? 요가를 배우러 왔는데요.

　　남자: 아, 네. 요가를 배워 본 적이 있으세요?

　　여자: 네, 1년 전에 조금 배웠어요. 하지만 잘 못해요.

　　남자: 그럼, 처음부터 다시 배우시는 것이 좋을 것 같네요.

女性：こんにちは。ヨガを習いに来たんですが。

男性：ああ、はい。ヨガを習われたことがありますか？

女性：はい、1年前に少し習いました。でも上手にできません。

男性：じゃあ、最初からまた習われるのが良さそうですね。

❶ 女性はヨガを習ってみたことがあります。

② 男性はヨガを習いに来ました。

③ 女性は1年間ヨガを習いました。

④ 男性は女性と一緒にヨガを習うつもりです。

20. 여자: (전화 벨 울리는 소리) 네, 세종식당입니다.

　　남자: 지금 가려고 하는데요. 식당에 주차장이 있나요?

　　여자: 죄송합니다. 여기는 주차장이 따로 없습니다. 지하철을 이용해 주세요.

　　남자: 네, 알겠습니다.

女性：（電話のベルが鳴る音）はい、セジョン食堂です。

男性：今、行こうとしているんですが。食堂に駐車場がありますか？

女性：申し訳ありません。ここは駐車場がないんです。地下鉄を利用してください。

男性：はい、わかりました。

❶ 男性は地下鉄に乗って食堂に行くでしょう。
② 女性は男性に食堂を紹介しています。
③ 男性は食堂を予約しようと電話をしました。
④ 女性は男性に駐車場を案内してあげました。

21. 여자: 와, 벌써 꽃이 많이 피었네요.

남자: 네, 그런데 바람이 많이 불어서 좀 추워요.

여자: 너무 얇게 입은 거 아니에요? 아직 아침에는 쌀쌀해서 따뜻하게 입어야 해요.

남자: (기침 소리) 그래야겠어요. 그만 집에 가요.

女性：わあ、もう花がたくさん咲きましたね。

男性：はい、でも風がかなり吹いていてちょっと寒いです。

女性：薄着過ぎるんじゃないですか？ まだ朝は肌寒いので、暖かく着ないといけません。

男性：(咳をする音) そうですね。もう家に帰ります。

① 女性は風邪をひきました。
② 二人は花屋に来ました。
❸ 男性は薄着をしています。
④ 二人は散歩に行こうとしています。

💡解答のヒント

17. 女性はキムチ冷蔵庫を持っているので、他の冷蔵庫を見たがっている。

19. ① 배워봤습니다 (-아/어 봤다) は経験の意味を表すことがある。

20. 지하철을 이용하다　地下鉄を利用する ➡ 지하철을 타다　地下鉄に乗る

🔊 37 **【22－24】** 対話を聞いて、<u>女性</u>の中心となる考えを選びなさい。

22. 남자 : 내일 역사박물관에 가려고 하는데 같이 갈래요?

　　여자 : 좋아요. 저도 역사에 관심이 많아요. 그런데 박물관에 몇 시에 가면 안내원의 설명을 들을 수 있는지 알아요?

　　남자 : 설명이요? 그냥 우리가 구경하면 되는 거 아니에요?

　　여자 : 그것도 좋지만 박물관 안내원의 설명을 들으면서 보면 더 많은 것을 알 수 있어서 좋아요.

男性：明日、歴史博物館に行こうと思うのですが、一緒に行きますか？

女性：いいですよ。私も歴史に関心がとてもあるんです。ところで、博物館に何時に行くと案内員の説明を聞けるか知っていますか？

男性：説明ですか？ ただ私達で見物すればいいんじゃないですか？

女性：それもいいですけど、博物館の案内員の説明を聞きながら見ると、より多くのことを知ることができるので良いです。

① 博物館に行くには時間の予約をしなければなりません。

② 博物館の案内員の説明は重要ではありません。

③ 歴史に関心が高ければ博物館に行くといいです。

❹ 博物館の案内員の説明を聞きながら見るとさらにいいです。

23. 남자 : 우와~! 겨울에 하는 축제가 많네요.

　　여자 : 네, 얼음낚시 축제도 있고 눈 축제도 있어요.

　　남자 : 재미있을 것 같아요.

　　여자 : 그럼요, 겨울에도 밖에서 할 수 있는 것이 많아요.

男性：うわー！ 冬にする祭りが多いですね。

女性：はい、氷上釣りフェスティバルもあるし、雪祭りもあります。

男性：おもしろそうですね。

女性：もちろん、冬にも外でできることが多いんです。

① 冬には外で遊ばなければなりません。

② 冬に雪がたくさん降って面白いです。

③ 釣りができてこそ祭りに行けます。

❹ 冬にも外で楽しくできることが多いです。

24. 남자 : 지금 어디에 가요?

　　여자 : 운동하러 가려고요.

　　남자 : 감기에 걸렸을 때는 집에서 쉬는 게 좋아요.

　　여자 : 아니에요. 이렇게 <mark>많이 아프지 않을 때는 집에만 있는 것보다 간단한</mark>
　　　　　<mark>운동을 하는</mark> 게 좋아요.

　　男性 : 今どこに行くんですか？

　　女性 : 運動しに行こうと思って。

　　男性 : 風邪をひいたときは家で休むのがいいです。

　　女性 : いいえ。このようにあまり具合が悪くないときには、家にずっと
　　　　　いるよりも簡単な運動をするのがいいです。

① 風邪には運動がいいです。

② 風邪をひいたら家にずっといなければなりません。

③ すべての運動は病気を早く直してくれます。

❹ 少し具合が悪いときは軽い運動が助けになります。

💡解答のヒント

22.　女性が言いたいこと：博物館の案内員の説明を聞きながら見るほ
　　　うがいいです。

23.　女性が言いたいこと：冬にも外でできる面白い活動が多いです。
　　　-아야/어야 は「～てこそ」という意味。

24.　女性が言いたいこと：少し具合が悪いときは簡単な運動がいいです。
　　　(＝役に立ちます)
　　　A보다 B가 좋다　A보다 B가 좋다 (＝B가 좋다　B가 좋다)

🔊 38 **[25-26]** 音声を聞いて問いに答えなさい。

여자 : 고객 여러분께 안내 말씀드립니다. 오늘 오후 6시부터 1층 화장품 매장
　　　에서 <mark>유명 배우 이시은 씨의 사인회가 있습니다.</mark> 사인회는 6시부터 7시
　　　까지 1시간 동안 합니다. <mark>사인도 받고 배우 이시은 씨와 사진도 찍으십시</mark>

오. 그리고 사인을 받으신 분께는 화장품 샘플도 드립니다. 많이 오셔서
사인 받으세요.

女性：お客様にご案内申し上げます。本日午後6時から1階化粧品売り場に
て有名な俳優イ・シウンさんのサイン会があります。サイン会は6時
から7時まで1時間行います。サインももらい、俳優イ・シウンさん
と写真も撮ってください。そしてサインをもらわれた方には化粧品の
サンプルも差し上げます。皆さんいらっしゃって、サインをもらって
ください。

25. 女性は今何について話しているのか、適切なものを選びなさい。
　　① デパートの化粧品売り場の宣伝
　　② 化粧品のサンプルをもらう場所
　　③ 有名な俳優のサイン会の場所
　　❹ 有名な俳優のサイン会の案内

26. 聞いた内容と同じものを選びなさい。
　　① 化粧品を買うとサインをもらえます。
　　② 有名な俳優のサイン会は午後1時から始まります。
　　❸ サインをもらうと化粧品のサンプルももらえます。
　　④ 俳優と写真を撮るとサインをもらえません。

🔊 39 [27－28] 音声を聞いて問いに答えなさい。
남자: 어서 오세요. 뭘 도와드릴까요?
여자: 이번 주 토요일에 친구와 1박 2일로 경주에 가려고 하는데요.
남자: 그럼 2박 3일로 경주와 부산을 같이 가는 건 어떠세요? 경주에서 부산까
　　　지는 가까우니까 부산도 가 보면 좋을 거예요.
여자: 좋아요. 그걸로 할게요. 그런데 고속버스로 가요?
남자: 아니요, KTX를 타고 가니까 아주 편하실 거예요.

男性：いらっしゃいませ。ご用件は何でしょうか？
女性：今週の土曜日に友人と1泊2日で慶州に行こうと思うんですが。

133

男性：では2泊3日で慶州と釜山を一緒に訪ねるのはいかがですか？ 慶州から釜山までは近いので、釜山も行くといいと思います。

女性：いいですね。それにします。ところで高速バスで行くんですか？

男性：いいえ、KTXに乗って行くのでとても楽だと思います。

27. 慶州と釜山を一緒に訪れるといい理由として当てはまるものを選びなさい。
   ❶ 距離が近いので
   ② KTXに乗って行くので
   ③ 旅行商品があるので
   ④ 2泊3日で行けるので

28. 聞いた内容と同じものを選びなさい。
   ① 二人は一緒に旅行に行くでしょう。
   ② 慶州まで高速バスに乗って行きます。
   ③ 女性は1泊2日で旅行に行くでしょう。
   ❹ 男性は女性に旅行商品を紹介しました。

💡解答のヒント

28. 男性は旅行会社の社員。女性に旅行商品を紹介している。

🔊40 **[29−30]** 音声を聞いて問いに答えなさい。

여자：어서 오세요. 어떤 운동을 하려고 하세요? 저희 스포츠센터에서는 다양한 운동을 배우실 수 있습니다.

남자：요즘 운동을 안 해서 몸이 안 좋아졌어요. 어떤 운동을 하면 좋을까요?

여자：전에 다른 운동을 해 보신 적이 있으세요?

남자：3년 전에 수영을 배운 적이 있어요. 그런데 오래 배우지 않아서 잘 못해요.

여자：그럼 수영을 다시 배워 보시면 어떨까요? 수영은 아침부터 저녁까지 수업이 있고, 주말에는 오셔서 연습도 할 수 있습니다.

남자：그럴까요? 그럼 수영을 시작해 보겠습니다.

女性：いらっしゃいませ。どんな運動をしようとお考えですか？ 私どもスポーツセンターでは多様な運動を習うことができます。

男性：最近運動をしていなくて体調が悪くなりました。どんな運動をすればいいですか？

女性：前に他の運動をされたことがありますか？

男性：3年前に水泳を習ったことがあります。でも長く習ったのではないので上手ではありません。

女性：では水泳をまた習ってみられたらどうですか？ 水泳は朝から夕方まで授業があり、週末にはお越しになって練習もできます。

男性：そうしましょうか？ じゃあ水泳を始めてみます。

29. 男性はなぜ運動を始めようとしているのか、当てはまるものを選びなさい。

❶ 健康状態が悪くなったので

② 水泳ができないので

③ 運動を習いたくて

④ 週末に一人で練習できるので

30. 聞いた内容と同じものを選びなさい。

① 男性は3年間水泳を習いました。

② 男性は女性に水泳を習おうとしています。

③ 女性はスポーツセンターで運動をしています。

❹ スポーツセンターではいろいろな運動を習うことができます。

💡解答のヒント

29. 몸이 안 좋아졌어요. 体調が悪くなりました。 ➡ 건강이 나빠졌어요. 健康状態が悪くなりました。

30. 다양한 운동 多様な運動（= 여러 가지 운동 いろいろな運動）

[31-33] 何についての話ですか。例題のように当てはまるものを選びなさい。

例題（省略。「問題パターンを知ろう」p.36と同じです。）

31. 今日は土曜日です。明日は日曜日です。
    ① 季節　　② 時間　　③ 天気　　❹ 曜日

32. 私は20歳です。弟（妹）は19歳です。
    ❶ 年齢　　② 家族　　③ 時間　　④ 場所

33. 明日は正月です。正月には3日間休みます。
    ❶ 連休　　② 家族　　③ 場所　　④ 交通

[34-39] 例題のように（　　）に入る最も適当なものを選びなさい。

例題（省略。「問題パターンを知ろう」p.38と同じです。）

34. 飲み物を買います。（　　）に行きます。
    ① 病院　　② 学校　　③ トイレ　　❹ コンビニ

35. 夕食を食べていません。（　　）食べるつもりです。
    ① さっき　　② 早めに　　③ しばしば　　❹ 後で

36. 韓国語を学びます。中国語（　　）学びます。
    ① が　　❷ も　　③에게　　④에서
    ＊選択肢の訳は省略。解答のヒントを参照。

37. 明日単語の試験があります。今単語を（　　）。
    ① くれます（あげます）　　❷ 覚えます
    ③ 働きます　　　　　　　　④ 忘れます

38. 友人がピアノを（　　）。私はバイオリンを弾きます。
    ❶ 弾きます　　② 吹きます
    ③ します　　　④ （ギターなどを）弾きます

39. 出勤時間です。地下鉄が（　　）。
    ① 休みます　　② 早いです　　③ 難しいです　　❹ 混みます

解答のヒント

35. ① 아까 먹었습니다． さっき食べました。

　　② 일찍 먹었습니다． 早めに食べました。

　　③ 자주 먹습니다． しばしば食べます。

36. 中国語<u>も</u>習いますという意味になる。

[40−42] 次を読んで、合っていない<u>もの</u>を選びなさい。

40.

机を安く売ります

来月故郷に帰ります。
それで机を安く売ります。
机は買ってから6か月になりました。とてもきれいです。
机を買えば椅子も差し上げます。
下の番号に連絡ください。

連絡先：010-1234-5678

❶ 新しい机を買うために売ります。

② 机は6か月前に買いました。

③ 机を買うには電話しなければなりません。

④ 机を買うと椅子は無料でくれます。

41.

注 意 事 項

・図書館の中で騒がないでください。
・図書館の中で通話しないでください。
・図書館の中で飲食物を召し上がらないでください。
　（※持って来た飲食物は食堂で召し上がってください。）
・図書館の中でタバコを吸わないでください。

第3回模擬試験（解答・スクリプト・訳）

① 図書館の中で静かにしなければなりません。

② 図書館の中で通話をしてはいけません。

③ 図書館の中でタバコを吸ってはいけません。

❹ 図書館に飲食物を持って来ることはできません。

42.

子供水泳教室

期間：7月〜8月（夏休み期間）

場所：ソウル室内プール

対象：ソウルに住む小学生

初級：10:00〜11:00 ………… 40,000ウォン（1か月）

中級：12:00〜13:00 ………… 50,000ウォン（1か月）

① 水泳教室は夏休みにだけ行います。

② 初級の授業が最初に始まります。

❸ 中学生も水泳を習うことができます。

④ 初級授業の1か月の授業料は4万ウォンです。

 解答のヒント

40. 의자도 드립니다.（椅子も差し上げます。）とあるので、④ 의자는
무료로 줍니다.（椅子は無料でくれます。）は合っている。

[43-45] 次の内容と同じものを選びなさい。

43.
　　私は今朝も公園で散歩をしました。先週とは異なり、あちこちに花
がたくさん咲いていました。私は春が一番好きですが、春を感じるこ
とができて良かったです。

① 私は今日初めて公園に行きました。

❷ 私は花がたくさん咲いて良かったです。

③ 私は先週他の公園に行きました。

④ 私は約束があって公園に行きました。

44.　　私はアメリカ人です。韓国語を習いに韓国に来ました。私は韓国語の先生になりたいです。それで学校で韓国語と韓国文化の授業を聞いています。

① 私はアメリカで勉強しています。
❷ 私は韓国語を教えたいです。
③ 私は韓国文化に関心がありません。
④ 私は学校で韓国文化を教えています。

45.　　私は韓国の食べ物が好きです。その中でキムチが一番好きで、よく食べます。昨日はキムチを自分で作ってみました。でも私が作ったキムチはとてもまずかったです。

① 私はキムチだけが好きです。
② 私はキムチを上手に作ります。
③ 私はキムチをよく作ります。
❹ 私はキムチが本当に好きです。

[46-48] 次を読んで、中心となる考えを選びなさい。

46.　　来週から学校の休みです。私は休みにアルバイトをしようと思います。それで明日友人が紹介してくれたところに面接を受けに行きます。面接を無事に受けられたらいいです。

① アルバイトを探すのは大変です。
② 友人とアルバイトを探しています。
③ 友人にアルバイトを紹介するつもりです。
❹ アルバイトができたらいいです。

47. 　私は韓国音楽を聞きながら勉強します。音楽を聞きながら勉強する
と楽しく勉強できます。楽しく勉強したら韓国語の実力もずいぶん伸
びました。

① 韓国語の勉強は難しいです。

❷ 勉強は楽しくしなければなりません。

③ 韓国音楽を聞くと楽しいです。

④ 勉強ができるようになるには、音楽を聞かなければなりません。

48. 　私は友人と一緒に住んでいます。友人は韓国語が上手ではありません。
それでいつも私が物を買ったり買い物に行ったりします。ときどきつ
らいときがあります。

① 友人が主に物を買います。

② 友人は韓国語が上手です。

③ 私は買い物をするのが好きです。

❹ 私は友人のせいでときどきつらいです。

💡解答のヒント

46. 中心となる考え：面接を無事に受けてアルバイトをしたいです。

47. 中心となる考え：楽しく勉強するのが重要です。

48. 中心となる考え：友人が韓国語ができないので、この人がいつも買
い物に行きます。➡ 友人のせいでときどきつらいです。

　장을 보다：市場やスーパーなどに行って食材や日用品などの買い
物をする。

[49−50] 次を読んで問いに答えなさい。

> 済州シティーツアーバスというのを聞いたことがありますか？ 済州シティーツアーバスに乗ると、済州島のあちこちを見物することができます。特に降りたいところで降りて（　㋒　）面白く旅行をすることができるでしょう。済州島に旅行に行ったら済州シティーツアーバスに乗ってみてください。

49. ㋒に入る適当な言葉を選びなさい。
　① 見物しようと　　② 見物しますが
　③ 見物した後に　　❹ 見物できるので

50. この文章の内容と同じものを選びなさい。
　① シティーツアーバスに乗ると済州島に行くことができます。
　❷ シティーツアーバスで済州島旅行をすることができます。
　③ シティーツアーバスは乗りたいところで乗ることができます。
　④ シティーツアーバスに乗ると、車内でのみ見物できます。

[51−52] 次を読んで問いに答えなさい。

> 外国人たちが韓国でキムチ作りやK-popダンスのレッスンなどいろいろな韓国文化を体験できるところがあります。すでにたくさんの外国人たちがここで（　㋒　）韓国文化を体験しました。ここの体験プログラムは誰でもでき、無料です。体験をしたい人はホームページで申し込めばいいです。

51. ㋒に入る適切な言葉を選びなさい。
　❶ 多様な　　② もどかしい　　③ 新鮮な　　④ 複雑な

52. 何についての話なのか、当てはまるものを選びなさい。
　① 韓国文化の紹介
　② 韓国文化の種類の紹介
　③ 韓国文化のプログラムの紹介
　❹ 韓国文化の体験方法の紹介

[53-54] 次を読んで問いに答えなさい。

> 私は写真を撮るのが好きです。でも写真を上手に撮れません。それで写真同好会に加入しました。写真同好会に行くと、先輩たちから写真の撮り方を習うことができます。今週土曜日には同好会の友人たちと一緒に漢江で写真を（　㋐　）。

53. ㋐に入る適切な言葉を選びなさい。
　　① 撮ればいいです　　② 撮りたいです
　　❸ 撮ろうと思います　　④ 撮ることができます

54. この文章の内容と同じものを選びなさい。
　　❶ 私の趣味は写真を撮ることです。
　　② 私は同好会に加入する計画です。
　　③ 写真を撮って同好会の友人たちと一緒に見ます。
　　④ 同好会に加入するには写真が上手に撮れなければなりません。

[55-56] 次を読んで問いに答えなさい。

> 韓服は韓国の伝統衣装で、正月やチュソク（中秋節）のような祭日に主に着ます。しかし来年から韓服を制服として着る学校ができます。人々は韓服を制服として着ると不便だろうと考えますが、韓服の制服は学生たちが生活をするときに不便でないように作りました。（　㋐　）現在、女学生の制服はスカートだけですが、韓服の制服はスカートとズボンの中から選択することができます。

55. ㋐に入る適切な言葉を選びなさい。
　① それで　　❷ そして　　③ ところが　　④ だから

56. この文章の内容と同じものを選びなさい。
　① 韓服は祭日にのみ着ます。
　② 韓服を着ると不便ではありません。
　③ 女学生の韓服の制服はスカートだけです。
　❹ 韓服を制服として着る学校ができる予定です。

💡解答のヒント

55. 한복 교복은 불편하지 않게 만들었습니다. (그리고) 치마와 바지 중
에서 선택할 수 있습니다.
　　　　　　(=고르다)

　韓服の制服を不便でないように作りました。（そして）スカートとズボンの中から選択することができます。
　　　　　　　　　　　　　　　　　　　　(=選ぶ)

例 지하철은 빠릅니다. 그리고 편리합니다.
　地下鉄は早いです。そして便利です。

[57-58] 次を順序どおりに並べたものを選びなさい。

57. ❷

　　(가) チュソク（中秋節）と正月は韓国の主要な祭日です。

　　(나) このように韓国は祭日ごとに食べる食べ物が異なります。

　　(다) 正月は陰暦1月1日で、朝にトッククを食べます。

　　(라) チュソクは陰暦8月15日で、ソンピョンを作って食べます。

58. ❷

　　(가) 今日は不動産屋に行きました。

　　(나) 2か月後に家の契約が終わるためです。

　　(다) そして月家賃は高くなければいいです。

　　(라) 今度は清潔で静かな家を探したいです。

💡解答のヒント

57. 冒頭に来る文の内容：何について話すか

　　(나) 이렇게（このように）はそれまでに述べられた内容を指すので、
　　この場合最後に来るのが自然。

　　송편（ソンピョン）：米粉の餅。中に餡を入れ半月の形にし、松葉
　　を敷いて蒸して作る。

58. 冒頭に来る文の内容：いつ何をしたか

　　(다) 그리고（そして）は前の文の内容に付け加えて述べるときに
　　使う。

[59-60] 次を読んで問いに答えなさい。

　　最近コーヒーショップの雰囲気が変わりつつあります。（　㋠　）以前
にはコーヒーショップにコーヒーを飲んだり友人に会ったりするために
よく行きました。（　㋡　）しかし最近は一人で本を読んだり勉強をした
りしに行く人たちが多いです。（　㋢　）一人で座れる席、ノートパソ
コンを使える席、一緒に集まって勉強できる席ができました。（　㋣　）

59. 次の文が入る個所を選びなさい。

それでコーヒーショップの席もずいぶん変わりました。

① ㉠   ② ㉡   ❸ ㉢   ④ ㉣

60. この文章の内容と同じものを選びなさい。

① コーヒーショップに一人で行く人はいません。

② コーヒーショップはコーヒーだけを飲みに行くところです。

❸ コーヒーショップでノートパソコンで勉強できます。

④ コーヒーショップの雰囲気と席は以前と似ています。

解答のヒント

59. 「それでコーヒーショップの席もずいぶん変わりました」の前には、変わった理由が来る。後には、変わった結果どうなったかを述べる文が来る。

[61−62] 次を読んで問いに答えなさい。

　　最近、伝統市場に観光客が増えています。その中で通仁市場が多くの外国人に（　㉠　）います。その理由は他でもない「お弁当」のためです。通仁市場では韓国の昔のお金でいろいろなおかずを買い、自分だけのお弁当を作ることができます。このように韓国の多様な食べ物を楽しめる通仁市場の「お弁当」は、外国人たちに人気のある観光商品になりました。

61. ㉠に入る適当な言葉を選びなさい。

① 助けてもらって   ② 心配になって

❸ 愛されて   ④ 能力があり

62. この文章の内容と同じものを選びなさい。

① 韓国には伝統市場が多いです。

② 韓国はまだ昔のお金を使用しています。

③ 外国人たちは市場で食べ物を作ることができます。

❹ 市場で多様な韓国の食べ物を食べることができます。

💡 解答のヒント

通仁市場では入り口で韓国の昔のお金を現金で購入し、その昔のお金で
お弁当のおかずを買うシステムになっている。韓国で昔のお金が使える
わけではない。

[63-64] 次を読んで問いに答えなさい。

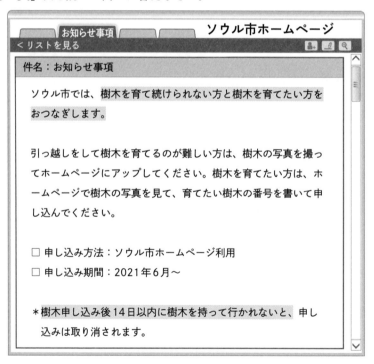

ソウル市ホームページ

お知らせ事項

< リストを見る

件名：お知らせ事項

ソウル市では、樹木を育て続けられない方と樹木を育てたい方を
おつなぎします。

引っ越しをして樹木を育てるのが難しい方は、樹木の写真を撮っ
てホームページにアップしてください。樹木を育てたい方は、ホ
ームページで樹木の写真を見て、育てたい樹木の番号を書いて申
し込んでください。

□ 申し込み方法：ソウル市ホームページ利用
□ 申し込み期間：2021年6月～

＊樹木申し込み後14日以内に樹木を持って行かれないと、申し
　込みは取り消されます。

63. なぜこの文章を書いたのか、当てはまるものを選びなさい。

    ① 植樹行事を開くために

    ② 樹木の写真を見せるために

    ③ 樹木を育てる方法を紹介するために

    ❹ 樹木を譲り分ける方法を知らせるために

64. この文章の内容と同じものを選びなさい。

    ① ソウル市では樹木を買って市民たちに分けてくれます。

    ❷ 樹木の申し込み後2週間のうちに樹木をもらって行かねばなりません。

    ③ 樹木を育てたい人は直接樹木を見て申し込みます。

    ④ 樹木を育てられない人は、ソウル市に樹木を渡せばいいです。

解答のヒント

64. 14일 이내　14日以内 ➡ 14일 (= 2주) 안에　14日 (= 2週間) のうちに

[65−66] 次を読んで問いに答えなさい。

運動や良い食事習慣は老人たちの健康に良いです。しかしこれよりももっと重要なことがあります。他でもない「話すこと」です。特に65歳以上の老人に当てはまります。老人たちは一人でいる時間が多く孤独です。このようなとき、こまめに親しい人たちと対話をしなければなりません。（ ⑦ ）メッセージよりも、直接会って話をすることが健康に助けになります。

65. ⑦に入る適当な言葉を選びなさい。

    ❶ 電話や　　② 電話だけ　　③ 電話しか　　④ 電話のために

66. この文章の内容と同じものを選びなさい。

    ① 老人たちは話す練習が必要です。

    ② 老人たちは一人でいることを好みます。

③ 老人たちはメッセージをこまめに送らなければなりません。

❹ 老人の健康に話すことはとても重要です。

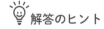

解答のヒント

65.　Ａ보다 Ｂ이/가 좋다　ＡよりＢがいい

[67-68] 次を読んで問いに答えなさい。

> 私は現在仕事のために韓国に来て6か月になりました。韓国にいるの
> で故郷がなおさら恋しいです。ここは今春なので、花を見物する家族を
> 見るたびに故郷にいる（　㋐　）。故郷に帰ったら両親と友人たちに会っ
> て、一緒に時間を過ごすつもりです。早く仕事を終えて故郷に帰ること
> ばかりを待っています。

67.　㋐に入る適当な言葉を選びなさい。

　　① 家族が悲しいです

　　② 会社が心配になります

　　③ 友人たちに申し訳ないです

　　❹ 家族への思いがなおさら募ります

68.　この文章の内容と同じものを選びなさい。

　　① 私の故郷は今春です。

　　② 私は韓国に末永くいたいです。

　　③ 私は故郷に帰って友人に会いました。

　　❹ 私は故郷を離れてから半年程度になりました。

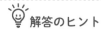
解答のヒント

그립습니다（恋しいです）➡ 생각이 납니다（思いが募ります）

68.　6개월　6か月 ➡ 반년　半年

[69−70] 次を読んで問いに答えなさい。

> 私たちは映画を見るとき普通映画館に行きます。家でも映画を見られますが、大きな画面で見たほうが面白いからです。ところで映画館に行くと、隣で飲み物やポップコーンを食べる人が多いです。それで映画を見るとき（ ⑦ ）。でも、ドライブインシアターは自動車の中で見るので、静かに映画を見ることができていいです。

69. ⑦に入る適当な言葉を選びなさい。
   ① 前の席に座ります。
   ② 食べ物を食べなければなりません。
   ❸ うるさいときがあります。
   ④ 楽しく話すことができます。

70. この文章の内容からわかることを選びなさい。
   ① 映画を見ようとしたら映画館に行かねばなりません。
   ② 映画を見るとき食べ物を食べるとおいしいです。
   ❸ 映画館よりもドライブインシアターが映画を見るのにはいいです。
   ④ 自動車に乗って映画館に行く人たちが多いです。

 解答のヒント

69. 「でも、ドライブインシアターは静かに映画を見ることができる」とあるので、「静か（조용하다）」と反対の言葉である「うるさい（시끄럽다）」が入った内容を選ぶ。

著者
クァク・スオク、キム・セミ、オ・セラ、ハン・インソク

日本語翻訳
韓文化言語工房　中村克哉

本書籍の日本国外での販売及び使用を禁止します。
본 서적을 일본국외에서 판매 및 사용하는 것을 금지합니다.

よくわかる　韓国語能力試験　TOPIK I

2023年3月1日　初版第1刷発行

著　者　クァク・スオク、キム・セミ、オ・セラ、
　　　　ハン・インソク
発行者　藤嵜政子
発　行　株式会社スリーエーネットワーク
　　　　〒102-0083　東京都千代田区麹町3丁目4番
　　　　　　　　　　トラスティ麹町ビル2F
　　　　電話　営業　03（5275）2722
　　　　　　　編集　03（5275）2725
　　　　https://www.3anet.co.jp/
印　刷　萩原印刷株式会社

ISBN978-4-88319-916-7　C0087

よくわかる

韓国語能力試験

TOPIK I

別冊 模擬試験

スリーエーネットワーク

제1회
실전모의고사

TOPIK I

듣기, 읽기
(Listening, Reading)

수험번호(Registration No.)		
이름 (Name)	한국어(Korean)	
	영 어(English)	

유의사항

Information

1. 시험 시작 지시가 있을 때까지 문제를 풀지 마십시오.
   Do not open the booklet until you are allowed to start.

2. 접수번호와 이름은 정확하게 적어 주십시오.
   Write your name and registration number on the answer sheet.

3. 답안지를 구기거나 훼손하지 마십시오.
   Do not fold the answer sheet; keep it clean.

4. 답안지의 이름, 접수번호 및 정답의 기입은 컴퓨터용 펜을 사용하여
   주십시오.
   Use the optical mark reader(OMR) pen only.

5. 정답은 답안지에 정확하게 표시하여 주십시오.
   Mark your answer accurately and clearly on the answer sheet.

   marking example

6. 문제를 읽을 때에는 소리가 나지 않도록 하십시오.
   Keep quiet while answering the questions.

7. 질문이 있을 때에는 손을 들고 감독관이 올 때까지 기다려 주십시오.
   When you have any questions, please raise your hand.

TOPIK I 듣기 (1번 ~ 30번)

(》11 **[1-4] 다음을 듣고 보기와 같이 물음에 맞는 대답을 고르십시오.**

| 보기 |

가: 물이에요?
나: _____

❶ 네, 물이에요.　　　　② 네, 물이 아니에요.
③ 아니요, 물이 좋아요.　　④ 아니요, 물이 맛있어요.

1. (4점)
　① 네, 신발이 커요.　　　② 네, 신발이 작아요.
　③ 아니요, 신발이에요.　　④ 아니요, 신발이 있어요.

2. (4점)
　① 네, 좋아요.　　　　　② 네, 공부하세요.
　③ 아니요, 아직 안 했어요.　④ 아니요, 공부할 거예요.

3. (3점)
　① 집에 가요.　　　　　② 식당에 있어요.
　③ 언니하고 있어요.　　④ 친구를 안 만나요.

4. (3점)
　① 많이 샀어요.　　　　② 4시에 샀어요.
　③ 친구하고 샀어요.　　④ 백화점에서 샀어요.

🔊 12 **[5-6] 다음을 듣고 보기 와 같이 이어지는 말을 고르십시오.**

┌─────────────────── 보기 ───────────────────┐

가: 안녕히 계세요.

나: ＿＿＿＿＿＿＿＿＿＿

① 말씀하세요.　　　　　② 어서 오세요.

❸ 안녕히 가세요.　　　　④ 안녕히 계세요.

└──┘

5. (4점)
   ① 미안해요.　　　　　　② 고마워요.
   ③ 반가워요.　　　　　　④ 괜찮아요.

6. (3점)
   ① 잘 지냈어요.　　　　　② 어서 오세요.
   ③ 네, 반가웠어요.　　　　④ 잘 다녀오세요.

🔊 13 **[7-10] 여기는 어디입니까? 보기 와 같이 알맞은 것을 고르십시오.**

┌─────────────────── 보기 ───────────────────┐

가: 어떻게 오셨어요?

나: 이거 한국 돈으로 바꿔 주세요.

❶ 은행　　　② 시장　　　③ 도서관　　　④ 박물관

└──┘

7. (3점)
   ① 병원　　　② 미용실　　　③ 세탁소　　　④ 우체국

8. (3점)
   ① 호텔　　　② 시장　　　③ 우체국　　　④ 여행사

9. (3점)
　① 빵집　　　　② 식당　　　　③ 백화점　　　　④ 미술관

10. (4점)
　① 시장　　　　② 병원　　　　③ 회사　　　　④ 학교

🔊)) 14 **[11-14] 다음은 무엇에 대해 말하고 있습니까? 보기와 같이 알맞**
　　　　은 것을 고르십시오.

보기
> 가: 누구예요?
> 나: 이 사람은 형이고, 이 사람은 동생이에요.
> ❶ 가족　　　② 친구　　　③ 선생님　　　④ 부모님

11. (3점)
　① 경험　　　　② 계획　　　　③ 졸업　　　　④ 방학

12. (3점)
　① 날씨　　　　② 취미　　　　③ 과일　　　　④ 장소

13. (4점)
　① 위치　　　　② 휴일　　　　③ 날씨　　　　④ 수업

14. (3점)
　① 건강　　　　② 직업　　　　③ 교통　　　　④ 고향

第1回模擬試驗

듣기（聞き取り）

5

15. ①
②
③
④

16. ①
②
③
④

[17~21] 다음을 듣고 보기와 같이 대화 내용과 같은 것을 고르십시
오. (각 3점)

┌─────────────── 보기 ───────────────┐

남자: 편지를 써요?
여자: 네, 동생한테 편지를 써요.

① 남자는 동생입니다.　　② 여자는 편지를 읽습니다.
③ 남자는 편지를 씁니다.　❹ 여자는 동생이 있습니다.

└────────────────────────────────────┘

17. ① 두 사람은 영화관에 있습니다.
　② 두 사람은 같이 영화를 볼 겁니다.
　③ 남자는 지금 영화를 보고 있습니다.
　④ 여자는 지금 영화관에 가고 있습니다.

18. ① 여자는 스키를 타 본 적이 없습니다.
　② 여자는 스키 타는 걸 안 좋아합니다.
　③ 남자는 여자에게 스키를 배울 겁니다.
　④ 남자는 1시간 동안 스키를 배웠습니다.

19. ① 여자가 영화표를 살 겁니다.
　② 남자는 벌써 영화를 두 번 봤습니다.
　③ 여자는 바빠서 영화를 볼 수 없습니다.
　④ 두 사람은 방금 영화를 보고 나왔습니다.

20. ① 남자는 여자와 경복궁에 가고 싶어 합니다.
　② 경복궁에 가려면 지하철로 갈아타야 합니다.
　③ 여자는 남자에게 경복궁에 가는 방법을 물어봤습니다.
　④ 경복궁에 한복을 입고 가면 그냥 들어갈 수 있습니다.

21. ① 남자는 한국 친구가 많습니다.
    ② 남자는 한국어를 전혀 할 줄 모릅니다.
    ③ 여자는 한국어를 더 잘하고 싶어 합니다.
    ④ 여자는 남자에게 한국 친구를 소개해 줄 겁니다.

🔊 17 **[22-24] 다음을 듣고 여자의 중심 생각을 고르십시오. (각 3점)**

22. ① 안 먹으면 살이 빨리 빠집니다.
    ② 다이어트는 건강에 안 좋습니다.
    ③ 운동을 하면서 살을 빼야 합니다.
    ④ 다이어트보다 운동이 중요합니다.

23. ① 일찍 일어나면 건강에 좋습니다.
    ② 늦게 자도 일찍 일어나야 합니다.
    ③ 할 일을 다 하고 푹 자는 게 좋습니다.
    ④ 밤에 일하는 것은 건강에 좋지 않습니다.

24. ① 눈이 오길 기다렸습니다.
    ② 눈이 내리면 불편합니다.
    ③ 눈이 오는 걸 싫어합니다.
    ④ 눈이 많이 내려서 좋습니다.

🔊 18 **[25-26]** 다음을 듣고 물음에 답하십시오.

25. 여자는 무엇에 대해 이야기하고 있습니까? (3점)
   ① 서울 공원에 가는 방법 소개
   ② 서울 공원의 다양한 행사 소개
   ③ 어린이날 아이들이 좋아하는 선물 소개
   ④ 어린이날 가족이 함께 갈 수 있는 곳 소개

26. 들은 내용과 같은 것을 고르십시오. (4점)
   ① 서울 공원에 가면 선물을 받을 수 있습니다.
   ② 서울 공원에는 항상 다양한 행사가 있습니다.
   ③ 어린이날 가족과 함께 서울 공원에 가면 좋습니다.
   ④ 아이들은 어린이날 좋은 선물을 받고 싶어 합니다.

🔊 19 **[27-28]** 다음을 듣고 물음에 답하십시오.

27. 두 사람은 내일 왜 공원에서 만납니까? (3점)
   ① 두 사람이 같이 운동을 하려고
   ② 두 사람이 같이 병원에 가려고
   ③ 남자가 심심해서 같이 산책하려고
   ④ 여자가 남자에게 운동을 가르쳐 주려고

28. 들은 내용과 같은 것을 고르십시오. (4점)
   ① 남자는 아직 병원에 안 가 봤습니다.
   ② 여자는 항상 아침마다 운동을 합니다.
   ③ 남자는 혼자 운동을 시작하려고 합니다.
   ④ 여자는 건강이 안 좋아서 운동을 합니다.

20

[29-30] 다음을 듣고 물음에 답하십시오.

29. 두 사람은 무엇에 대해서 이야기를 하고 있는지 맞는 것을 고르십시오. (3점)
    ① 고향 문화 소개
    ② 한국 문화의 종류
    ③ 두 나라의 식사 문화
    ④ 두 나라의 서로 다른 문화

30. 들은 내용과 같은 것을 고르십시오. (4점)
    ① 두 나라의 문화는 비슷한 것이 많습니다.
    ② 남자는 두 나라의 문화가 달라서 놀랐습니다.
    ③ 한국에서는 신발을 신고 집에 들어가도 됩니다.
    ④ 여자는 한국 문화를 몰라서 실수한 적이 있습니다.

TOPIK I 읽기 (31번 ~ 70번)

※ [31–33] 무엇에 대한 이야기입니까? 보기와 같이 알맞은 것을 고르십시오. (각 2점)

┌─────────────── 보기 ───────────────┐

사과가 있습니다. 그리고 배도 있습니다.

① 요일   ② 날짜   ❸ 과일   ④ 얼굴

└────────────────────────────────────┘

31. │ 어제는 비가 왔습니다. 오늘은 맑고 따뜻합니다. │
   ① 계절   ② 요일   ③ 날씨   ④ 시간

32. │ 저는 낚시를 좋아합니다. 동생은 독서를 좋아합니다. │
   ① 직업   ② 가족   ③ 취미   ④ 장소

33. │ 방에는 침대가 있습니다. 책상도 있습니다. │
   ① 가구   ② 계획   ③ 장소   ④ 쇼핑

보기

눈이 나쁩니다. (   )을 씁니다.

① 사전   ② 수박   ❸ 안경   ④ 지갑

---

34. (2점)

다음 주부터 방학입니다. 그래서 친구들하고 여행 (   ) 갈 겁니다.

① 이   ② 에   ③ 을   ④ 에서

35. (2점)

오늘 저녁에 비가 올 겁니다. 그래서 (   )을 가지고 왔습니다.

① 안경   ② 우산   ③ 지갑   ④ 장갑

36. (2점)

1시간 동안 숙제를 하고 있습니다. 그런데 (   ) 다 못 했습니다.

① 벌써   ② 아까   ③ 아직   ④ 자주

37. (3점)

머리를 잘랐습니다. 지금은 머리가 (   ).

① 적습니다   ② 짧습니다   ③ 작습니다   ④ 얇습니다

38. (2점)

> 옷이 큽니다. 작은 사이즈로 (   ).

① 팝니다　　② 벗습니다　　③ 교환합니다　　④ 어울립니다

39. (3점)

> 음식이 싱겁습니다. 소금을 더 (   ).

① 넣습니다　　② 놓습니다　　③ 낳습니다　　④ 나눕니다

※ **[40-42] 다음을 읽고 맞지 않는 것을 고르십시오. (각 3점)**

40.

도서관 이용 안내

📖 화요일~금요일　　09:00~18:00

📖 주말　　　　　　　10:00~17:00

〈점심시간 13:00~14:00〉

※매주 월요일은 쉽니다.

① 점심시간은 한 시간입니다.
② 토요일은 1시간 늦게 엽니다.
③ 일요일은 일찍 문을 닫습니다.
④ 도서관은 매일 이용할 수 있습니다.

41.

> 지니 씨,
>
> 수업이 있어서 먼저 가요.
>
> 오늘 비가 올 거예요.
>
> 나올 때 창문 좀 닫아 주세요.
>
> 수업 끝나고 식당에서 기다릴게요.
>
> - 수미가 -

① 지니가 일찍 나갔습니다.
② 수미가 메모를 썼습니다.
③ 지니가 창문을 닫을 겁니다.
④ 두 사람은 식당에서 만날 겁니다.

42.

CCV

너와 나

9,000원

2025-05-05 (월)
5회 18:30~20:00
2관 K열 7번

① 1시간 반 동안 영화를 봅니다.
② 두 사람이 보면 18,000원입니다.
③ 영화는 오후 6시 반에 시작합니다.
④ 앉고 싶은 자리에 앉을 수 있습니다.

※ **[43-45] 다음의 내용과 같은 것을 고르십시오.**

43. (3점)

> 다음 주에 시험이 있습니다. 그래서 매일 친구와 도서관에 갑니다. 그런데 오늘은 도서관에 자리가 없어서 그냥 집에 왔습니다.

① 저는 요즘 시험공부를 하고 있습니다.
② 저는 집에서 공부하는 걸 좋아합니다.
③ 저는 친구를 만나러 도서관에 갑니다.
④ 저는 오늘도 도서관에서 공부했습니다.

44. (2점)

> 오늘 저는 친구 집들이에 가서 친구를 도와주었습니다. 저는 청소를 하고 친구는 음식을 만들었습니다. 친구가 만든 음식이 정말 맛있었습니다.

① 친구는 음식을 잘 만듭니다.
② 친구는 저를 도와주었습니다.
③ 저는 오늘 집들이를 했습니다.
④ 우리는 같이 청소를 했습니다.

45. (3점)

> 어제 비가 왔습니다. 그런데 저는 우산을 안 가지고 갔습니다. 그래서 친구가 저에게 우산을 빌려주었습니다. 오늘 저는 친구에게 우산을 돌려주었습니다.

① 지금 비가 오고 있습니다.
② 저는 친구와 같이 우산을 썼습니다.
③ 저는 어제 친구의 우산을 빌렸습니다.
④ 저는 내일 친구에게 우산을 줄 겁니다.

읽기 (読解)

46. (3점)

> 텔레비전을 볼 때 누워서 보는 사람들이 많습니다. 그런데 누워서 텔레비전을 보면 눈 건강에 좋지 않습니다. 텔레비전을 볼 때는 앉아서 보는 것이 좋습니다.

① 텔레비전을 자주 보면 안 됩니다.
② 텔레비전을 보면 눈에 좋지 않습니다.
③ 텔레비전을 볼 때 앉아서 봐야 합니다.
④ 텔레비전을 볼 때 누워서 봐도 됩니다.

47. (3점)

> 저는 요즘 집에서 요리를 해서 먹습니다. 요리하기가 조금 힘들지만 밖에서 먹는 것보다 건강에 좋습니다. 그리고 돈도 적게 듭니다.

① 음식을 직접 만드는 것은 힘듭니다.
② 밖에서 먹는 음식은 건강에 좋습니다.
③ 집에서 요리를 하면 돈을 많이 씁니다.
④ 직접 음식을 만들어서 먹는 것이 좋습니다.

48. (2점)

> 어렸을 때 저는 조용한 성격이었습니다. 그래서 처음 만난 친구와 금방 친해질 수 없었습니다. 그런데 지금은 친구도 잘 사귀고 말하는 것도 좋아합니다. 저는 지금이 좋습니다.

① 저는 지금 성격을 좋아합니다.
② 저는 성격을 바꾸고 싶습니다.
③ 저는 친구를 많이 사귀고 싶습니다.
④ 저는 조용한 성격이 마음에 듭니다.

> 저는 지난 주말에 친구와 전주에 다녀왔습니다. 전주는 한국의 전통문화를 보고 느낄 수 있는 곳으로 (㉠). 전주에는 전통 한옥이 많이 있는데 우리는 그곳에서 부채 만들기 등 다양한 것을 해 봤습니다. 그리고 저녁에는 한옥에서 잤습니다. 처음 한옥에서 자 봤는데 분위기가 참 좋았습니다. 다음에는 부모님과 함께 꼭 다시 갈 겁니다.

49. ㉠에 들어갈 알맞은 말을 고르십시오.
① 소중합니다   ② 유명합니다
③ 유행합니다   ④ 재미있습니다

50. 이 글의 내용과 같은 것을 고르십시오.
① 친구가 전주에 살고 있습니다.
② 저는 저녁에 집으로 돌아왔습니다.
③ 부모님과 함께 전주에 가 봤습니다.
④ 저는 전주에서 부채를 만들어 봤습니다.

한글 박물관으로 오십시오. 한글 박물관에서는 한글에 대한 이야기를 들을 수 있습니다. 그리고 사진을 보면서 한글의 역사에 대해서도 (㉠). 또한 한글 박물관에는 한글로 다양한 놀이를 할 수 있는 곳도 있고, 기념품을 살 수 있는 가게도 있습니다.

51. ㉠에 들어갈 알맞은 말을 고르십시오. (3점)
    ① 알 겁니다
    ② 알지 못합니다
    ③ 알고 싶습니다
    ④ 알 수 있습니다

52. 무엇에 대한 이야기인지 맞는 것을 고르십시오. (2점)
    ① 한글 박물관 소개
    ② 한글 박물관의 역사
    ③ 한글 박물관의 위치
    ④ 한글 박물관에 가는 이유

※ **[53-54] 다음을 읽고 물음에 답하십시오.**

> 저는 농구를 좋아합니다. (㉠) 수업이 끝난 후에는 자주 농구를 합니다. 농구는 두 명이 할 수도 있고 여러 명이 같이 할 수도 있어서 좋습니다. 어제도 수업이 끝나고 농구장에 갔습니다. 어제는 농구장에서 만난 한국 친구들하고 농구를 했습니다. 정말 재미있었습니다.

53. ㉠에 들어갈 알맞은 말을 고르십시오. (2점)

① 그리고   ② 그러면
③ 그래서   ④ 그렇지만

54. 이 글의 내용과 같은 것을 고르십시오. (3점)

① 저는 한국 친구와 농구하러 갔습니다.
② 저는 수업이 없으면 자주 농구를 합니다.
③ 농구는 여러 명이 있어야 할 수 있습니다.
④ 저는 어제 수업이 끝난 후에 농구를 했습니다.

노량진 수산 시장에 가 봤습니까? 서울에 있는 노량진 수산 시장은 크고 생선의 종류도 아주 다양합니다. 여기에 가면 값도 싸고 싱싱한 생선을 살 수 있습니다. 그리고 생선을 사서 바로 먹을 수 있는 식당도 2층에 있습니다. 이 식당에서는 찌개도 (㉠   ).

55. ㉠에 들어갈 알맞은 말을 고르십시오. (2점)
   ① 끓여 줍니다   ② 끓여야 합니다
   ③ 끓고 있습니다   ④ 끓일 줄 압니다

56. 이 글의 내용과 같은 것을 고르십시오. (3점)
   ① 노량진 수산 시장의 생선은 싸고 싱싱합니다.
   ② 노량진 수산 시장에서는 요리를 할 수 있습니다.
   ③ 노량진 수산 시장 2층에서 생선을 살 수 있습니다.
   ④ 저는 생선을 사러 노량진 수산 시장에 자주 갑니다.

※ **[57-58] 다음을 순서대로 맞게 나열한 것을 고르십시오.**

57. (3점)

> (가) 그래서 돈을 넣을 수 없었습니다.
> (나) 오늘 은행에 돈을 넣으러 갔습니다.
> (다) 그런데 통장을 안 가지고 갔습니다.
> (라) 현금 카드도 잃어버려서 없었습니다.

① (가)-(나)-(다)-(라) 　　② (가)-(라)-(나)-(다)
③ (나)-(다)-(라)-(가) 　　④ (나)-(라)-(다)-(가)

58. (2점)

> (가) 저는 매주 금요일에 시장에 갑니다.
> (나) 그러면 꼭 필요한 것만 살 수 있습니다.
> (다) 냉장고 안을 보고 사야 할 것을 메모합니다.
> (라) 시장에 가기 전에 먼저 냉장고를 열어 봅니다.

① (가)-(다)-(라)-(나) 　　② (가)-(라)-(다)-(나)
③ (다)-(라)-(나)-(가) 　　④ (라)-(다)-(가)-(나)

우리는 집을 구할 때 보통 부동산을 이용합니다. (㉠) 그런데 요즘은 인터넷으로도 집을 구할 수 있습니다. (㉡) 인터넷을 이용하면 부동산에 가는 것보다 편리하고 다양한 집의 가격을 한 번에 볼 수 있습니다. (㉢) 인터넷으로 집을 구하면 가끔 사진과 다른 것이 있으니 사진만 보고 결정하지 말고 꼭 직접 가 보는 것이 좋습니다. (㉣)

59. 다음 문장이 들어갈 곳을 고르십시오. (2점)

하지만 집을 구할 때 조심할 것도 있습니다.

① ㉠   ② ㉡   ③ ㉢   ④ ㉣

60. 이 글의 내용과 같은 것을 고르십시오. (3점)
① 인터넷으로는 집의 가격을 알 수 없습니다.
② 집을 구할 때는 부동산을 이용해야 합니다.
③ 부동산을 이용할 때 조심해야 하는 것이 있습니다.
④ 인터넷으로 집을 본 후에 꼭 가 보는 것이 좋습니다.

※ **[61–62] 다음을 읽고 물음에 답하십시오. (각 2점)**

> 저는 어제 저녁을 먹은 후에 텔레비전에서 하는 가수의 공연을 보았습니다. 그런데 텔레비전을 보다가 깜짝 놀랐습니다. 텔레비전에 친구가 나왔기 때문입니다. 친구는 가수의 공연장에서 노래를 크게 따라 부르면서 손을 흔들고 있었습니다. 친구의 모습을 텔레비전에서 보니까 (㉠) 좋았습니다.

61. ㉠에 들어갈 알맞은 말을 고르십시오.
　① 편하고　　　　　　　② 반갑고
　③ 힘들고　　　　　　　④ 비슷하고

62. 이 글의 내용과 같은 것을 고르십시오.
　① 저는 손을 흔들면서 친구를 불렀습니다.
　② 저는 가수의 공연장에서 친구를 만났습니다.
　③ 친구는 가수의 공연을 보러 공연장에 갔습니다.
　④ 친구가 가수가 되어서 텔레비전에 나왔습니다.

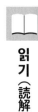

읽기 (読解)

받는 사람: goodshoes@mart.com

제목: 운동화 교환 신청

안녕하세요?

제가 지난주 금요일에 이메일을 보냈는데 답장이 오지 않아서 다시 메일을 씁니다.

지난주에 홈페이지에서 운동화를 주문했습니다. 그런데 신어봤는데 조금 작습니다.

한 사이즈 큰 걸로 교환하고 싶습니다. 교환할 수 있을까요?

답장 기다리겠습니다.

김나라 드림

63. 왜 이 글을 썼는지 맞는 것을 고르십시오. (2점)

① 주문 방법을 알아보려고

② 운동화를 더 사고 싶어서

③ 운동화 사이즈를 바꾸고 싶어서

④ 운동화 디자인이 마음에 안 들어서

64. 이 글의 내용과 같은 것을 고르십시오. (3점)

① 저는 내일 운동화를 받을 겁니다.

② 저는 지난주에 답장을 받았습니다.

③ 저는 처음으로 이메일을 보냅니다.

④ 저는 인터넷으로 운동화를 샀습니다.

※ **[65-66] 다음을 읽고 물음에 답하십시오.**

> 소금은 우리 생활에 다양하게 사용됩니다. 먼저 음식이 싱거울 때 소금을 넣습니다. 그리고 음식을 오랫동안 두고 먹고 싶을 때 사용하기도 합니다. 특히 생선 요리에 소금을 많이 사용합니다. 생선은 시간이 지나면 쉽게 맛이 (㉠) 먹을 수 없게 되기 때문입니다. 또 채소를 씻을 때 소금을 사용하면 더 깨끗하게 씻을 수 있습니다.

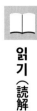

第１回模擬試験

65. ㉠에 들어갈 알맞은 말을 고르십시오. (2점)
① 변해서   ② 변하고
③ 변하지만   ④ 변했는데

66. 이 글의 내용과 같은 것을 고르십시오. (3점)
① 소금은 짠 맛을 낼 때만 사용합니다.
② 채소를 소금으로 씻으면 신선해집니다.
③ 생선은 짜서 소금을 사용하지 않습니다.
④ 소금은 음식을 빨리 변하지 않게 합니다.

읽기 (読解)

> 한국은 봄, 여름, 가을, 겨울 사계절이 있습니다. 봄은 날씨가 따뜻하고 예쁜 꽃을 많이 볼 수 있습니다. 그래서 사람들은 꽃구경을 많이 갑니다. 여름은 덥지만 맛있는 과일이 많습니다. 가을은 시원하고 아름다운 단풍을 볼 수 있는 곳이 아주 많습니다. 겨울은 춥고 눈이 자주 와서 겨울 스포츠를 많이 할 수 있습니다. 한국은 각 계절의 (㉠).

67. ㉠에 들어갈 알맞은 말을 고르십시오.
    ① 의미가 다릅니다   ② 성격이 있습니다
    ③ 분위기가 비슷합니다   ④ 모습이 매우 다양합니다

68. 이 글의 내용과 같은 것을 고르십시오.
    ① 봄에는 꽃이 많이 핍니다.
    ② 겨울에는 눈이 적게 오는 편입니다.
    ③ 가을에는 단풍이 들어서 시원합니다.
    ④ 여름에는 특별한 스포츠를 할 수 있습니다.

※ **[69-70] 다음을 읽고 물음에 답하십시오. (각 3점)**

> 얼마 전에 저는 재미있는 책을 읽었습니다. 경찰관이 나쁜 사람을 잡고 착한 사람을 도와주는 내용이었습니다. 저는 (㉠) 경찰관이 되고 싶어 졌습니다. 경찰관이 되려면 공부도 열심히 해야 하고 운동도 열심히 해야 합니다. 그래서 저는 매일 운동을 하기 시작했습니다. 그리고 공부도 열심 히 하고 있습니다.

69. ㉠에 들어갈 알맞은 말을 고르십시오.
　① 날씨가 좋아서　　　　② 책을 좋아해서
　③ 건강이 나빠서　　　　④ 그 책을 읽은 후에

70. 이 글의 내용으로 알 수 있는 것을 고르십시오.
　① 재미있는 책을 읽어야 합니다.
　② 경찰관은 매일 운동해야 합니다.
　③ 경찰관이 되려면 운동만 잘 하면 됩니다.
　④ 경찰관이 되고 싶어서 운동을 시작했습니다.

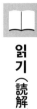

제2회
실전모의고사

TOPIK I

듣기, 읽기
(Listening, Reading)

수험번호(Registration No.)		
이름 (Name)	한국어(Korean)	
	영 어(English)	

유의사항

Information

1. 시험 시작 지시가 있을 때까지 문제를 풀지 마십시오.

   Do not open the booklet until you are allowed to start.

2. 접수번호와 이름은 정확하게 적어 주십시오.

   Write your name and registration number on the answer sheet.

3. 답안지를 구기거나 훼손하지 마십시오.

   Do not fold the answer sheet; keep it clean.

4. 답안지의 이름, 접수번호 및 정답의 기입은 컴퓨터용 펜을 사용하여
   주십시오.

   Use the optical mark reader(OMR) pen only.

5. 정답은 답안지에 정확하게 표시하여 주십시오.

   Mark your answer accurately and clearly on the answer sheet.

   marking example | ① ● ③ ④

6. 문제를 읽을 때에는 소리가 나지 않도록 하십시오.

   Keep quiet while answering the questions.

7. 질문이 있을 때에는 손을 들고 감독관이 올 때까지 기다려 주십시오.

   When you have any questions, please raise your hand.

TOPIK I 듣기 (1번 ~ 30번)

🔊)) 21 **[1-4]** 다음을 듣고 보기와 같이 물음에 맞는 대답을 고르십시오.

┌─────────────── 보기 ───────────────┐

가: 물이에요?

나: _____

❶ 네, 물이에요.　　　　② 네, 물이 아니에요.

③ 아니요, 물이 좋아요.　④ 아니요, 물이 맛있어요.

└────────────────────────────────────┘

1. (4점)
   ① 네, 일찍 와요.　　　　② 네, 일찍 올게요.
   ③ 아니요, 안 늦어요.　　④ 아니요, 늦지 마세요.

2. (4점)
   ① 네, 한국 사람이에요.　　② 네, 한국 사람이 아니에요.
   ③ 아니요, 한국 사람이 없어요.　④ 아니요, 한국 사람이 있어요.

3. (3점)
   ① 사무실에 전화해요.　　② 친구하고 전화해요.
   ③ 선생님하고 통화했어요.　④ 부모님께 전화가 왔어요.

4. (3점)
   ① 지금 드세요.　　　　② 조금 매워요.
   ③ 식당에서 먹어요.　　④ 젓가락으로 먹어요.

🔊 22 **[5-6] 다음을 듣고 보기와 같이 이어지는 말을 고르십시오.**

┌─────────────────────── 보기 ───────────────────────┐

가: 안녕히 계세요.
나: _____

① 말씀하세요.　　　　　　② 어서 오세요.
❸ 안녕히 가세요.　　　　　④ 안녕히 계세요.

└──┘

5. (4점)
　　① 잘 가요.　　　　　　　　② 괜찮아요.
　　③ 네, 잘 지냈어요?　　　　④ 안녕히 가세요.

6. (3점)
　　① 괜찮아요.　　　　　　　　② 아니에요.
　　③ 실례합니다.　　　　　　　④ 잠깐만 기다리세요.

🔊 23 **[7-10] 여기는 어디입니까? 보기와 같이 알맞은 것을 고르십시오.**

┌─────────────────────── 보기 ───────────────────────┐

가: 어떻게 오셨어요?
나: 이거 한국 돈으로 바꿔 주세요.

❶ 은행　　　② 시장　　　③ 도서관　　　④ 박물관

└──┘

7. (3점)
　　① 서점　　　② 공원　　　③ 도서관　　　④ 박물관

8. (3점)
　　① 회사　　　② 학교　　　③ 공원　　　④ 서점

9. (3점)
　① 공원　　　② 식당　　　③ 병원　　　④ 극장

10. (4점)
　① 미술관　　② 박물관　　③ 영화관　　④ 체육관

🔊 24 **[11-14]** 다음은 무엇에 대해 말하고 있습니까? 보기와 같이 알맞은 것을 고르십시오.

┌─────────────────보기─────────────────┐

가: 누구예요?

나: 이 사람은 형이고, 이 사람은 동생이에요.

❶ 가족　　　② 친구　　　③ 선생님　　　④ 부모님

└──────────────────────────────────────┘

11. (3점)
　① 교통　　　② 직업　　　③ 건강　　　④ 수업

12. (3점)
　① 맛　　　　② 요리　　　③ 주문　　　④ 메뉴

13. (4점)
　① 수업　　　② 휴가　　　③ 날씨　　　④ 건강

14. (3점)
　① 소개　　　② 위치　　　③ 약속　　　④ 계획

[15–16] 다음 대화를 듣고 알맞은 그림을 고르십시오. (각 4점)

15. ①  ②

③  ④

16. ①  ②

③  ④

🔊 26 [17-21] 다음을 듣고 보기와 같이 대화 내용과 같은 것을 고르십시오. (각 3점)

┤보기├

남자: 편지를 써요?

여자: 네, 동생한테 편지를 써요.

① 남자는 동생입니다.　　② 여자는 편지를 읽습니다.

③ 남자는 편지를 씁니다.　**❹ 여자는 동생이 있습니다.**

---

17. ① 남자는 사고가 났습니다.
   ② 여자는 차에서 내릴 겁니다.
   ③ 여자는 약속 시간에 늦었습니다.
   ④ 퇴근 시간이라서 길이 많이 막힙니다.

18. ① 여자는 집들이에 못 갑니다.
   ② 여자는 약속을 취소했습니다.
   ③ 남자는 토요일에 이사를 할 겁니다.
   ④ 남자는 여자를 집들이에 초대했습니다.

19. ① 남자는 다시 전화를 할 겁니다.
   ② 여자는 수미 씨를 바꿔줬습니다.
   ③ 여자는 지금 수미와 같이 있습니다.
   ④ 남자는 여자에게 이름을 말했습니다.

듣기 (聞き取り)

20. ① 두 사람은 식당에 갔습니다.
   ② 남자는 떡볶이를 만들었습니다.
   ③ 두 사람은 떡볶이를 먹을 겁니다.
   ④ 여자는 매운 음식을 못 먹습니다.

21. ① 남자는 건강 때문에 운동을 합니다.
    ② 남자는 스트레스가 많아서 너무 힘듭니다.
    ③ 여자는 회사일 때문에 스트레스를 받습니다.
    ④ 여자는 스트레스를 풀려고 남자를 만났습니다.

🔊 27 **[22~24] 다음을 듣고 <u>여자</u>의 중심 생각을 고르십시오. (각 3점)**

22. ① 등산은 힘들어서 싫습니다.
    ② 산 위의 공기는 정말 좋습니다.
    ③ 꽃을 구경하려면 산에 가야 합니다.
    ④ 등산은 힘들지만 좋은 점이 많습니다.

23. ① 누구나 실수를 할 수 있습니다.
    ② 다른 사람보다 일찍 출근해야 합니다.
    ③ 아침에는 바빠서 메모할 시간이 없습니다.
    ④ 메모를 하면 할 일을 잊어버리지 않습니다.

24. ① 경치 사진은 필요 없습니다.
    ② 경치 사진은 꼭 찍어야 합니다.
    ③ 경치는 사진보다 직접 보는 게 좋습니다.
    ④ 경치는 사진으로 보는 게 더 아름답습니다.

🔊 28 **[25-26] 다음을 듣고 물음에 답하십시오.**

25. 여자가 무엇에 대해 이야기하는지 맞는 것을 고르십시오. (3점)
    ① 어젯밤 꿈에 대해서
    ② 되고 싶은 직업에 대해서
    ③ 의사가 하는 일에 대해서
    ④ 사람들이 좋아하는 직업에 대해서

26. 들은 내용과 같은 것을 고르십시오. (4점)
    ① 의사는 꼭 필요한 사람입니다.
    ② 의사는 힘들어도 환자를 치료해야 합니다.
    ③ 저는 의사가 멋있는 직업이라고 생각합니다.
    ④ 저는 아픈 사람들에게 도움이 되고 싶습니다.

🔊 29 **[27-28] 다음을 듣고 물음에 답하십시오.**

27. 무엇에 대해서 이야기하고 있는지 맞는 것을 고르십시오. (3점)
    ① 여름철 운동 시간
    ② 여름철 운동의 종류
    ③ 여름철 건강한 운동법
    ④ 여름철 운동의 좋은 점

28. 들은 내용과 같은 것을 고르십시오. (4점)
    ① 여름에는 물을 많이 마셔야 합니다.
    ② 여름은 운동을 하기 좋은 계절입니다.
    ③ 여름에 운동하면 건강해질 수 있습니다.
    ④ 여름에는 운동 시간을 짧게 해야 합니다.

🔊)) 30 **[29-30] 다음을 듣고 물음에 답하십시오.**

29. 여자는 왜 한국 요리를 배우려고 하는지 맞는 것을 고르십시오. (3점)
    ① 김치찌개를 좋아해서
    ② 아르바이트를 하려고
    ③ 가족들에게 만들어 주려고
    ④ 고향 친구에게 가르쳐 주려고

30. 들은 내용과 같은 것을 고르십시오. (4점)
    ① 남자는 김치찌개만 끓일 줄 압니다.
    ② 여자는 책을 보고 한국 요리를 배웠습니다.
    ③ 김치찌개를 끓일 때는 제일 먼저 맛을 봅니다.
    ④ 남자는 여자에게 김치찌개 끓이는 법을 알려주었습니다.

TOPIK I 읽기 (31번 ~ 70번)

※ **[31-33] 무엇에 대한 이야기입니까? 보기와 같이 알맞은 것을 고르십시오. (각 2점)**

┌─────────────── 보기 ───────────────┐

사과가 있습니다. 그리고 배도 있습니다.

① 요일   ② 날짜   ❸ 과일   ④ 얼굴

└────────────────────────────────────┘

31. | 봄에는 꽃이 핍니다. 가을에는 단풍이 듭니다. |
   ① 날씨   ② 장소   ③ 계절   ④ 요일

32. | 수미는 옷을 삽니다. 민수는 신발을 삽니다. |
   ① 쇼핑   ② 가족   ③ 음식   ④ 친구

33. | 오늘 친구가 고향에 돌아갔습니다. 슬픕니다. |
   ① 졸업   ② 약속   ③ 실수   ④ 기분

※ **[34-39]** 보기**와 같이 (   )에 들어갈 가장 알맞은 것을 고르십시오.**

보기

눈이 나쁩니다. (   )을 씁니다.

① 사전　　　② 수박　　　❸ 안경　　　④ 지갑

---

34. (2점)

(　)에 갑니다. 비행기를 탑니다.

① 역　　　② 공항　　　③ 정류장　　　④ 여행사

35. (2점)

영화를 봅니다. 영화(　) 재미있습니다.

① 가　　　② 를　　　③ 에　　　④ 에서

36. (2점)

(　) 야채를 씻습니다. 그 다음에 야채를 썹니다.

① 아직　　　② 먼저　　　③ 자주　　　④ 아까

37. (2점)

어제 방 청소를 했습니다. 방이 정말 (　).

① 작습니다　　② 좋습니다　　③ 조용합니다　　④ 깨끗합니다

38. (3점)

> 늦게 일어났습니다. 학교에 (   ).

① 들렀습니다　　　　　　　② 지각했습니다

③ 출근했습니다　　　　　　④ 출발했습니다

39. (3점)

> 컴퓨터가 안 켜집니다. 컴퓨터가 (   ).

① 샀습니다　　② 고쳤습니다　　③ 보냈습니다　　④ 고장났습니다

※ **[40−42] 다음을 읽고 맞지 <u>않는</u> 것을 고르십시오. (각 3점)**

40.

봄꽃 축제

아름다운 음악과 함께 하는 축제

장소 : 여의도 한강공원

일시 : 4월 9일 ~ 4월 16일

★ 봄꽃 축제에 오시면 100분에게 작은 선물을 드립니다.

① 봄꽃 축제는 일주일 동안 합니다.

② 축제에 가면 모두 선물을 받습니다.

③ 축제에 가면 음악을 들을 수 있습니다.

④ 한강공원에 가면 꽃을 구경할 수 있습니다.

第 2 回 模擬試驗

읽기 (読解)

41.

월요일	화요일	수요일	목요일	금요일	토요일	일요일
☀ 6℃	🌧 1℃	☀ 3℃	☀ 0℃	☀ 2℃	☁ -2℃	❄ -8℃

① 토요일에 날씨가 좋습니다.
② 일요일 기온이 제일 낮습니다.
③ 화요일에는 우산이 필요합니다.
④ 월요일에는 공원에서 산책하기 좋습니다.

42.

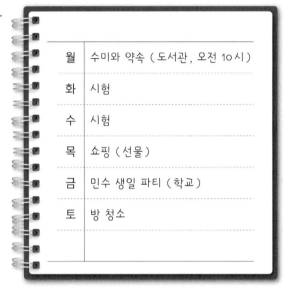

월	수미와 약속 (도서관, 오전 10시)
화	시험
수	시험
목	쇼핑 (선물)
금	민수 생일 파티 (학교)
토	방 청소

① 시험은 이틀 동안 봅니다.
② 토요일에 밖에 나갈 겁니다.
③ 금요일에 민수를 만날 겁니다.
④ 월요일에 도서관에 갈 겁니다.

※ [43~45] 다음의 내용과 같은 것을 고르십시오.

43. (3점)

> 요즘 저는 월요일과 화요일에 기타를 배우러 갑니다. 아직 잘 못 치지만 기타를 치면 기분이 좋습니다. 열심히 연습해서 친구들 앞에서 치고 싶습니다.

① 저는 기타를 아주 잘 칩니다.
② 저는 기타를 배워 보고 싶습니다.
③ 저는 친구와 같이 기타를 배웁니다.
④ 저는 일주일에 두 번 기타를 배웁니다.

44. (2점)

> 저는 친구와 고향 음식을 만들었습니다. 친구는 중국 음식을 만들고 저는 베트남 음식을 만들었습니다. 우리는 점심을 다 먹은 후에 집에서 영화도 봤습니다.

① 우리는 영화관에 갔습니다.
② 우리는 저녁에 만났습니다.
③ 친구와 저는 고향이 다릅니다.
④ 친구는 음식을 만들 줄 모릅니다.

45. (3점)

> 저는 통장을 만들러 은행에 갔습니다. 그런데 외국인 등록증을 안 가지고 갔습니다. 그래서 통장을 못 만들고 그냥 집에 와야 했습니다.

① 저는 통장을 만들었습니다.
② 저는 바빠서 은행에 못 갔습니다.
③ 저는 신분증을 안 가지고 갔습니다.
④ 저는 외국인 등록증이 아직 없습니다.

第2回模擬試験

읽기 (読解)

※ **[46-48] 다음을 읽고 중심 생각을 고르십시오.**

46. (3점)

> 추석은 한국의 큰 명절 중의 하나입니다. 그래서 오늘부터 사흘 동안 연휴입니다. 명절에는 가족들이 모이기 때문에 추석에 고향에 내려가는 사람들이 많습니다.

① 추석에는 3일 동안 쉽니다.
② 명절에는 사람들이 많습니다.
③ 명절에는 가족과 함께 보냅니다.
④ 한국에는 명절이 하나 있습니다.

47. (3점)

> 휴대폰을 너무 오랜 시간 보면 눈 건강에 좋지 않습니다. 그리고 휴대폰을 보면서 길을 건너면 사고가 날 수도 있습니다. 이렇게 안 좋은 습관은 고쳐야 합니다.

① 휴대폰을 보지 않아야 합니다.
② 나쁜 휴대폰 사용 습관은 고쳐야 합니다.
③ 휴대폰을 많이 보면 눈이 나빠질 수 있습니다.
④ 휴대폰 때문에 문제가 많이 생겨서 걱정입니다.

48. (2점)

> 저는 모자를 좋아합니다. 그래서 외출할 때 꼭 모자를 쓰고 나갑니다. 그런데 어제 모자를 쓰고 할아버지께 인사를 해서 혼났습니다. 앞으로 모자를 벗고 인사해야겠습니다.

① 할아버지께 인사할 때 모자를 씁니다.
② 외출할 때 모자를 쓰고 나가야 합니다.
③ 어른에게 인사할 때는 모자를 벗어야 합니다.
④ 어른을 만나면 꼭 인사를 하는 것이 좋습니다.

※ **[49-50] 다음을 읽고 물음에 답하십시오. (각 2점)**

> 저는 언니가 한 명 있습니다. 언니는 대학교에서 디자인을 공부하는데 아주 재미있고 성격이 밝습니다. 우리는 사진 찍는 것을 좋아합니다. 그래서 한국에 오기 전에는 언니하고 주말에는 사진을 많이 찍었습니다. 그런데 요즘 전화를 자주 못해서 언니가 많이 (㉠).

49. ㉠에 들어갈 알맞은 말을 고르십시오.
  ① 그립습니다   ② 복잡합니다
  ③ 똑똑합니다   ④ 재미있습니다

50. 이 글의 내용과 같은 것을 고르십시오.
  ① 언니는 대학생인데 요즘 많이 바쁩니다.
  ② 지금 언니와 저는 같이 한국에 있습니다.
  ③ 저는 한국에 온 후에 언니와 자주 통화합니다.
  ④ 저와 언니는 모두 사진 찍는 것을 좋아합니다.

第2回模擬試験

읽기 (読解)

한국의 지하철은 안전합니다. 그리고 교통 카드를 사용할 수 있어서 이용하기가 편리합니다. 서울의 지하철은 1호선부터 9호선까지 있는데 호선마다 색이 (㉠) 가고 싶은 역을 쉽게 찾을 수 있습니다. 그리고 안내 방송이 나와서 어느 역인지 쉽게 알 수 있습니다. 그리고 65세 이상 노인은 무료로 지하철을 이용할 수도 있습니다.

51. ㉠에 들어갈 알맞은 말을 고르십시오. (3점)
　① 다르면　　　　　　　　② 다르거나
　③ 다르기 때문에　　　　　④ 다르기는 하지만

52. 무엇에 대한 이야기인지 맞는 것을 고르십시오. (2점)
　① 지하철의 종류
　② 지하철의 좋은 점
　③ 지하철 이용 방법
　④ 지하철에서 지켜야 할 것

제 취미는 등산입니다. 그래서 시간이 있으면 등산을 갑니다. 혼자 갈 때도 있고 친구와 같이 갈 때도 있습니다. 이번 주말에는 친구와 등산을 (㉠). 그런데 일기예보에서 주말에 비가 온다고 했습니다. 날씨 때문에 약속을 취소해야 해서 기분이 안 좋습니다.

53. ㉠에 들어갈 알맞은 말을 고르십시오. (2점)
① 가고 있습니다
② 가면 안 됩니다
③ 가기로 했습니다
④ 간 적이 있습니다

54. 이 글의 내용과 같은 것을 고르십시오. (3점)
① 저는 항상 혼자 등산을 갑니다.
② 이번 주말에는 친구를 만날 겁니다.
③ 주말에 비가 와서 등산을 못 갑니다.
④ 저는 비 오는 날에 기분이 안 좋습니다.

한국에서는 자장면부터 피자까지 거의 모든 음식을 배달해 줍니다. 또 마트에서 산 물건도 집까지 배달해 주어서 아주 편리합니다. 이러한 배달 문화는 바쁜 한국인들에게 아주 중요한 생활 문화입니다. (㉠) 외국인들도 좋아하는 한국 문화 중의 하나입니다.

55. ㉠에 들어갈 알맞은 말을 고르십시오. (2점)
   ① 그러나   ② 그런데
   ③ 그리고   ④ 그러면

56. 이 글의 내용과 같은 것을 고르십시오. (3점)
   ① 한국 사람들은 모두 바쁩니다.
   ② 마트에서 물건을 사면 편리합니다.
   ③ 한국에서는 모든 음식을 배달합니다.
   ④ 외국인들은 한국의 배달 문화를 좋아합니다.

※ **[57-58] 다음을 순서대로 맞게 나열한 것을 고르십시오.**

57. (3점)

> (가) 지갑 안의 사진을 꼭 찾고 싶습니다.
> (나) 지갑을 보신 분은 꼭 연락해 주십시오.
> (다) 어제 도서관 근처에서 지갑을 잃어버렸습니다.
> (라) 그 지갑 안에는 가족사진과 신분증이 있습니다.

① (가)-(다)-(라)-(나)　　② (나)-(가)-(라)-(다)
③ (다)-(나)-(가)-(라)　　④ (다)-(라)-(가)-(나)

58. (2점)

> (가) 꼭 오셔서 구경하십시오.
> (나) 음료수와 과자도 준비했습니다.
> (다) 저희 동호회에서는 사진 전시회를 엽니다.
> (라) 전시회는 오전 9시부터 오후 6시까지입니다.

① (가)-(나)-(다)-(라)　　② (가)-(다)-(라)-(나)
③ (다)-(가)-(나)-(라)　　④ (다)-(라)-(나)-(가)

※ **[59~60] 다음을 읽고 물음에 답하십시오.**

(㉠) 생일이나 결혼식 같이 기쁜 날 우리는 선물을 합니다. (㉡) 그럴 때는 우선 선물을 받는 사람의 나이나 취미 등을 잘 생각하면 좋습니다. (㉢) 그리고 무슨 일로 축하를 하는지 생각하면 어떤 선물을 할지 결정하기가 쉬워집니다. (㉣)

---

59. 다음 문장이 들어갈 곳을 고르십시오. (2점)

선물을 고를 때 뭘 사야 할지 모를 때가 많습니다.

① ㉠   ② ㉡   ③ ㉢   ④ ㉣

60. 이 글의 내용과 같은 것을 고르십시오. (3점)
① 선물을 고를 때 나이는 중요하지 않습니다.
② 선물을 할 때는 주는 사람이 기쁘면 됩니다.
③ 왜 선물을 사는지 생각하면 고르기가 쉽습니다.
④ 선물을 살 때는 내 마음에 드는 것을 사면 됩니다.

※ **[61-62] 다음을 읽고 물음에 답하십시오. (각 2점)**

> 저는 운동을 좋아합니다. 그래서 저녁마다 (㉠) 공원에 갑니다. 공원에 가면 달리기를 할 수 있는 곳이 있습니다. 그곳에서 매일 30분씩 달리기를 합니다. 달리기를 하면 스트레스가 풀립니다. 운동을 매일 하니까 건강도 좋아지는 것 같습니다. 앞으로 계속 운동을 할 계획입니다.

61. ㉠에 들어갈 알맞은 말을 고르십시오.
    ① 운동을 해서   ② 운동을 하러
    ③ 운동을 하니까   ④ 운동을 하기 전에

62. 이 글의 내용과 같은 것을 고르십시오.
    ① 저는 아침마다 공원에 갑니다.
    ② 저는 운동을 매일 하지는 않습니다.
    ③ 달리기를 하면 스트레스가 풀립니다.
    ④ 공원에서 달리기를 하는 사람이 많습니다.

※ **[63~64] 다음을 읽고 물음에 답하십시오.**

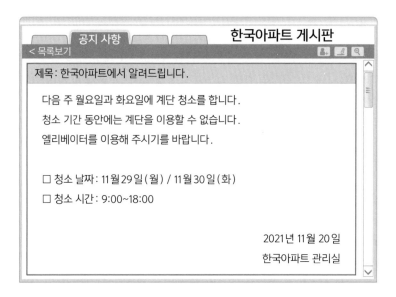

63. 왜 이 글을 썼는지 맞는 것을 고르십시오. (2점)
① 청소 장소를 바꾸려고
② 청소 계획을 물어보려고
③ 청소 이유를 설명하려고
④ 청소 날짜와 시간을 알려 주려고

64. 이 글의 내용과 같은 것을 고르십시오. (3점)
① 계단 청소는 오후 8시까지 합니다.
② 이틀 동안 계단 청소를 할 겁니다.
③ 계단 청소는 화요일에 시작할 겁니다.
④ 청소 기간 동안 엘리베이터를 이용할 수 없습니다.

※ **[65~66] 다음을 읽고 물음에 답하십시오.**

> 딸기는 많은 사람들이 좋아하는 과일입니다. 그냥 먹어도 맛있지만 다양한 방법으로 여러 가지 음식을 만들 수 있습니다. 딸기와 설탕을 같이 오랫동안 (㉠) 딸기잼이 됩니다. 그리고 딸기와 시원한 얼음으로 주스도 만듭니다. 또 딸기로 맛있는 케이크를 만들기도 합니다. 이렇게 딸기는 다양하게 먹을 수 있는 과일입니다.

65. ㉠에 들어갈 알맞은 말을 고르십시오. (2점)

① 끓이면   ② 끓이고

③ 끓이니까   ④ 끓이지만

66. 이 글의 내용과 같은 것을 고르십시오. (3점)

① 딸기 주스는 만들기 어렵습니다.

② 딸기는 과일로만 먹어야 맛있습니다.

③ 딸기를 사용한 다양한 음식이 있습니다.

④ 사람들은 딸기보다 딸기 케이크를 좋아합니다.

第2回模擬試験

읽기 (読解)

> 황사는 주로 3월에서 4월까지 많이 생깁니다. 황사는 모래와 작은 돌이
> 바람과 함께 불어오는 것입니다. 황사가 생기면 특별히 건강에 주의해야
> 합니다. 모래가 사람의 코와 입으로 들어가면 나쁜 병이 생길 수 있기 때문
> 입니다. 그래서 황사 바람이 불 때는 평소보다 더 (㉠).

67. ㉠에 들어갈 알맞은 말을 고르십시오.
    ① 집에 있어야 합니다   ② 운동을 해야 합니다
    ③ 바람이 많이 불 것입니다   ④ 건강에 관심을 가져야 합니다

68. 이 글의 내용과 같은 것을 고르십시오.
    ① 황사는 겨울과 봄에 생깁니다.
    ② 황사는 한국에서만 볼 수 있습니다.
    ③ 황사는 별로 신경 쓸 필요가 없습니다.
    ④ 황사 모래는 건강에 안 좋을 수 있습니다.

※ **[69-70] 다음을 읽고 물음에 답하십시오. (각 3점)**

> 어제 우리 옆집에 새로운 이웃이 이사를 왔습니다. 할아버지, 할머니, 아빠, 엄마, 아이가 두 명이나 있는 식구가 많은 가족이었습니다. 저는 새로 이사 온 가족과 반갑게 인사를 했습니다. 그리고 저녁에는 같이 밥을 먹고 웃으면서 이야기를 나눴습니다. 시간이 금방 지나가는 것 같았습니다. 옆집 식구들과 함께 있어서 정말 좋았습니다. 앞으로도 (㉠).

69. ㉠에 들어갈 알맞은 말을 고르십시오.
  ① 익숙하지 않을 것입니다
  ② 함께 어울릴 수 없습니다
  ③ 가깝게 지낼 것 같습니다
  ④ 어렵게 느껴질 것 같아 걱정입니다

70. 이 글의 내용으로 알 수 있는 것을 고르십시오.
  ① 우리 가족은 식구가 많습니다.
  ② 저는 옆집이 이사를 가서 아쉬웠습니다.
  ③ 저는 어제 옆집이 이사하는 것을 도와줬습니다.
  ④ 저는 어제 옆집 가족과 즐거운 시간을 보냈습니다.

第2回模擬試験

읽기 (読解)

55

제3회
실전모의고사

TOPIK I

듣기, 읽기
(Listening, Reading)

수험번호(Registration No.)		
이름 (Name)	한국어(Korean)	
	영　어(English)	

유의사항

Information

1. 시험 시작 지시가 있을 때까지 문제를 풀지 마십시오.

   Do not open the booklet until you are allowed to start.

2. 접수번호와 이름은 정확하게 적어 주십시오.

   Write your name and registration number on the answer sheet.

3. 답안지를 구기거나 훼손하지 마십시오.

   Do not fold the answer sheet; keep it clean.

4. 답안지의 이름, 접수번호 및 정답의 기입은 컴퓨터용 펜을 사용하여
   주십시오.

   Use the optical mark reader(OMR) pen only.

5. 정답은 답안지에 정확하게 표시하여 주십시오.

   Mark your answer accurately and clearly on the answer sheet.

   marking example

6. 문제를 읽을 때에는 소리가 나지 않도록 하십시오.

   Keep quiet while answering the questions.

7. 질문이 있을 때에는 손을 들고 감독관이 올 때까지 기다려 주십시오.

   When you have any questions, please raise your hand.

TOPIK I 듣기 (1번 ~ 30번)

🔊 31 [1-4] 다음을 듣고 보기와 같이 물음에 맞는 대답을 고르십시오.

┌─────────────── 보기 ───────────────┐

가: 물이에요?

나: _____

❶ 네, 물이에요.　　　　　② 네, 물이 아니에요.

③ 아니요, 물이 좋아요.　　④ 아니요, 물이 맛있어요.

└──────────────────────────────────┘

1. (4점)
   ① 네, 동생이 멋있어요.　　　② 네, 동생이 있어요.
   ③ 아니요, 동생이 아니에요.　④ 아니요, 동생이 재미없어요.

2. (4점)
   ① 네, 숙제해요.　　　　　　② 네, 숙제가 어려워요.
   ③ 아니요, 숙제가 쉬웠어요.　④ 아니요, 숙제 안 했어요.

3. (3점)
   ① 네, 지금 통화해요.　　　　② 네, 편지를 써요.
   ③ 아니요, 가끔 해요.　　　　④ 아니요, 집에 전화해요.

4. (3점)
   ① 세 개 주세요.　　　　　　② 세 명이에요.
   ③ 삼천 원이에요.　　　　　　④ 삼 인분 주세요.

🔊 32 **[5-6] 다음을 듣고 보기와 같이 이어지는 말을 고르십시오.**

┌─────────────────── 보기 ───────────────────┐

가: 안녕히 계세요.
나: _____

① 말씀하세요.　　　　② 어서 오세요.
❸ 안녕히 가세요.　　　④ 안녕히 계세요.

└──┘

5.　(4점)
　　① 알겠습니다.　　　　　② 반갑습니다.
　　③ 괜찮습니다.　　　　　④ 고맙습니다.

6.　(3점)
　　① 네, 그런데요.　　　　② 잘 다녀오세요.
　　③ 만나서 반가워요.　　④ 잠깐만 기다리세요.

🔊 33 **[7-10] 여기는 어디입니까? 보기와 같이 알맞은 것을 고르십시오.**

┌─────────────────── 보기 ───────────────────┐

가: 어떻게 오셨어요?
나: 이거 한국 돈으로 바꿔 주세요.

❶ 은행　　　② 시장　　　③ 도서관　　　④ 박물관

└──┘

7.　(3점)
　　① 꽃집　　　② 빵 가게　　　③ 옷 가게　　　④ 신발 가게

8.　(3점)
　　① 교실　　　② 병원　　　③ 도서관　　　④ 사무실

9. (3점)
　① 약국　　　② 은행　　　③ 교실　　　④ 공원

10. (4점)
　① 극장　　　② 마트　　　③ 사무실　　　④ 매표소

🔊 34 [11-14] 다음은 무엇에 대해 말하고 있습니까? 보기와 같이 알맞은 것을 고르십시오.

┌─────────────보기─────────────┐
　가: 누구예요?
　나: 이 사람은 형이고, 이 사람은 동생이에요.

　❶ 가족　　　② 친구　　　③ 선생님　　　④ 부모님
└──────────────────────────────┘

11. (3점)
　① 소식　　　② 여행　　　③ 외출　　　④ 장마

12. (3점)
　① 이웃　　　② 주인　　　③ 친척　　　④ 가족

13. (4점)
　① 전공　　　② 수업　　　③ 계획　　　④ 시험

14. (3점)
　① 휴일　　　② 명절　　　③ 주말　　　④ 달력

🔊 35 [15–16] 다음 대화를 듣고 알맞은 그림을 고르십시오. (각 4점)

15. ①

②

③

④

16. ①

②

③

④

[17-21] 다음을 듣고 보기와 같이 대화 내용과 같은 것을 고르십시오. (각 3점)

┌─────────── 보기 ───────────┐

남자 : 편지를 써요?

여자 : 네, 동생한테 편지를 써요.

① 남자는 동생입니다.　　② 여자는 편지를 읽습니다.

③ 남자는 편지를 씁니다.　❹ 여자는 동생이 있습니다.

└────────────────────────────┘

17. ① 여자는 큰 냉장고를 사고 싶습니다.

　　② 여자는 김치 냉장고를 사러 왔습니다.

　　③ 여자는 다른 냉장고도 더 구경할 겁니다.

　　④ 여자는 남자가 추천한 냉장고가 마음에 듭니다.

18. ① 여자는 도와주러 갔습니다.

　　② 남자는 구급차를 불렀습니다.

　　③ 여자는 사고가 나서 크게 다쳤습니다.

　　④ 남자는 가지 않는 것이 좋다고 생각합니다.

19. ① 여자는 요가를 배워 봤습니다.

　　② 남자는 요가를 배우러 왔습니다.

　　③ 여자는 1년 동안 요가를 배웠습니다.

　　④ 남자는 여자와 함께 요가를 배울 겁니다.

20. ① 남자는 지하철을 타고 식당에 갈 겁니다.

　　② 여자는 남자에게 식당을 소개하고 있습니다.

　　③ 남자는 식당을 예약하려고 전화를 했습니다.

　　④ 여자는 남자에게 주차장을 안내해 줬습니다.

21. ① 여자는 감기에 걸렸습니다.
    ② 두 사람은 꽃집에 왔습니다.
    ③ 남자는 옷을 얇게 입었습니다.
    ④ 두 사람은 산책을 가려고 합니다.

🔊 37 **[22-24] 다음을 듣고 <u>여자</u>의 중심 생각을 고르십시오. (각 3점)**

22. ① 박물관에 가려면 시간 예약을 해야 합니다.
    ② 박물관 안내원의 설명은 중요하지 않습니다.
    ③ 역사에 관심이 많으면 박물관에 가면 좋습니다.
    ④ 박물관 안내원의 설명을 들으면서 보면 더 좋습니다.

23. ① 겨울에는 밖에서 놀아야 합니다.
    ② 겨울에 눈이 많이 와서 재미있습니다.
    ③ 낚시를 할 줄 알아야 축제에 갈 수 있습니다.
    ④ 겨울에도 밖에서 재미있게 할 수 있는 것이 많습니다.

24. ① 감기에는 운동이 좋습니다.
    ② 감기에 걸리면 집에만 있어야 합니다.
    ③ 모든 운동은 병을 빨리 낫게 해 줍니다.
    ④ 조금 아플 때는 가벼운 운동이 도움이 됩니다.

🔊 38 **[25~26] 다음을 듣고 물음에 답하십시오.**

25. 여자는 지금 무엇에 대해서 이야기하고 있는지 맞는 것을 고르십시오. (3점)
   ① 백화점 화장품 매장 광고
   ② 화장품 샘플을 받는 장소
   ③ 유명 배우의 사인회 장소
   ④ 유명 배우의 사인회 안내

26. 들은 내용과 같은 것을 고르십시오. (4점)
   ① 화장품을 사면 사인을 받을 수 있습니다.
   ② 유명 배우 사인회는 오후 1시부터 시작합니다.
   ③ 사인을 받으면 화장품 샘플도 받을 수 있습니다.
   ④ 배우와 사진을 찍으면 사인을 받을 수 없습니다.

🔊 39 **[27~28] 다음을 듣고 물음에 답하십시오.**

27. 경주와 부산을 같이 가면 좋은 이유로 맞는 것을 고르십시오. (3점)
   ① 거리가 가까워서
   ② KTX를 타고 가서
   ③ 여행 상품이 있어서
   ④ 2박 3일로 갈 수 있어서

28. 들은 내용과 같은 것을 고르십시오. (4점)
   ① 두 사람은 같이 여행을 갈 겁니다.
   ② 경주까지 고속버스를 타고 갑니다.
   ③ 여자는 1박 2일로 여행을 갈 겁니다.
   ④ 남자는 여자에게 여행 상품을 소개했습니다.

◀») 40 **[29-30] 다음을 듣고 물음에 답하십시오.**

29. 남자는 왜 운동을 시작하려고 하는지 맞는 것을 고르십시오. (3점)
    ① 건강이 나빠져서
    ② 수영을 할 줄 몰라서
    ③ 운동을 배우고 싶어서
    ④ 주말에 혼자 연습할 수 있어서

30. 들은 내용과 같은 것을 고르십시오. (4점)
    ① 남자는 3년 동안 수영을 배웠습니다.
    ② 남자는 여자한테 수영을 배우려고 합니다.
    ③ 여자는 스포츠센터에서 운동을 하고 있습니다.
    ④ 스포츠센터에서는 여러 가지 운동을 배울 수 있습니다.

TOPIK I 읽기 (31번 ~ 70번)

※ [31-33] 무엇에 대한 이야기입니까? 보기 와 같이 알맞은 것을 고르십시오. (각 2점)

┌─────────────보기─────────────┐

사과가 있습니다. 그리고 배도 있습니다.

① 요일   ② 날짜   ❸ 과일   ④ 얼굴

└──────────────────────────────┘

31. 오늘은 토요일입니다. 내일은 일요일입니다.

① 계절   ② 시간   ③ 날씨   ④ 요일

32. 저는 스무 살입니다. 동생은 열아홉 살입니다.

① 나이   ② 가족   ③ 시간   ④ 장소

33. 내일은 설날입니다. 설날에는 3일 동안 쉽니다.

① 연휴   ② 가족   ③ 장소   ④ 교통

읽기 (読解)

보기

눈이 나쁩니다. ( )을 씁니다.

① 사전   ② 수박   ❸ 안경   ④ 지갑

34. (2점)

음료수를 삽니다. ( )에 갑니다.

① 병원   ② 학교   ③ 화장실   ④ 편의점

35. (2점)

저녁을 안 먹었습니다. ( ) 먹을 겁니다.

① 아까   ② 일찍   ③ 자주   ④ 이따가

36. (2점)

한국어를 배웁니다. 중국어( ) 배웁니다.

① 가   ② 도   ③ 에게   ④ 에서

37. (3점)

내일 단어 시험이 있습니다. 지금 단어를 ( ).

① 줍니다   ② 외웁니다   ③ 일합니다   ④ 잊어버립니다

38. （2점）

친구가 피아노를 (　　　). 저는 바이올린을 켭니다.

① 칩니다　　　　② 붑니다　　　　③ 합니다　　　　④ 탑니다

39. （3점）

출근 시간입니다. 지하철이 (　　　).

① 쉽습니다　　　② 빠릅니다　　　③ 어렵습니다　　　④ 복잡합니다

※ **[40-42] 다음을 읽고 맞지 <u>않는</u> 것을 고르십시오. (각 3점)**

40.

책상을 싸게 팝니다

다음 달에 고향으로 돌아갑니다.
그래서 책상을 싸게 팝니다.
책상은 산 지 6개월 되었습니다. 아주 깨끗합니다.
책상을 사시면 의자도 드립니다.
아래 번호로 연락 주세요.

　　　　　　　　　　　　연락처 : 010-1234-5678

① 새 책상을 사려고 팝니다.
② 책상은 6개월 전에 샀습니다.
③ 책상을 사려면 전화해야 합니다.
④ 책상을 사면 의자는 무료로 줍니다.

읽기（読解）

41.

주 의 사 항

- 도서관 안에서 떠들지 마십시오.
- 도서관 안에서 통화하지 마십시오.
- 도서관 안에서 음식을 드시지 마십시오.
  (※가지고 온 음식은 식당에서 드십시오.)
- 도서관 안에서 담배를 피우지 마십시오.

① 도서관 안에서 조용히 해야 합니다.
② 도서관 안에서 통화하면 안 됩니다.
③ 도서관 안에서 담배를 피우면 안 됩니다.
④ 도서관에 음식을 가지고 올 수 없습니다.

42.

어린이 수영 교실

기간 : 7월 ~8월 (방학 기간)
장소 : 서울 실내 수영장
대상 : 서울에 사는 초등학생
초급 : 10:00~11:00 ············· 40,000원 (1개월)
중급 : 12:00~13:00 ············· 50,000원 (1개월)

① 수영 교실은 방학에만 합니다.
② 초급 수업이 제일 먼저 시작합니다.
③ 중학생도 수영을 배울 수 있습니다.
④ 초급 수업의 한 달 수업료는 사만 원입니다.

※ **[43-45] 다음의 내용과 같은 것을 고르십시오.**

43. (3점)

> 저는 오늘 아침에도 공원에서 산책을 했습니다. 지난주와 다르게 여기저기 꽃이 많이 피어 있었습니다. 저는 봄을 제일 좋아하는데 봄을 느낄 수 있어서 좋았습니다.

① 저는 오늘 처음 공원에 갔습니다.
② 저는 꽃이 많이 피어서 좋았습니다.
③ 저는 지난주에 다른 공원에 갔습니다.
④ 저는 약속이 있어서 공원에 갔습니다.

44. (2점)

> 저는 미국 사람입니다. 한국어를 배우려고 한국에 왔습니다. 저는 한국어 선생님이 되고 싶습니다. 그래서 학교에서 한국어와 한국 문화 수업을 듣습니다.

① 저는 미국에서 공부하고 있습니다.
② 저는 한국어를 가르치고 싶습니다.
③ 저는 한국 문화에 관심이 없습니다.
④ 저는 학교에서 한국 문화를 가르칩니다.

45. (3점)

> 저는 한국 음식을 좋아합니다. 그중에서 김치를 제일 좋아해서 자주 먹습니다. 어제는 김치를 직접 만들어 봤습니다. 그런데 제가 만든 김치는 너무 맛없었습니다.

① 저는 김치만 좋아합니다.
② 저는 김치를 잘 만듭니다.
③ 저는 김치를 자주 만듭니다.
④ 저는 김치를 정말 좋아합니다.

읽기(読解)

※ **[46-48] 다음을 읽고 중심 생각을 고르십시오.**

46. (3점)

> 다음 주부터 방학입니다. 저는 방학에 아르바이트를 하려고 합니다.
> 그래서 내일 친구가 소개해 준 곳에 면접을 보러 갑니다. 면접을 잘 보면
> 좋겠습니다.

① 아르바이트를 찾기 힘듭니다.

② 친구와 아르바이트를 찾고 있습니다.

③ 친구에게 아르바이트를 소개할 겁니다.

④ 아르바이트를 할 수 있으면 좋겠습니다.

47. (3점)

> 저는 한국 음악을 들으면서 공부합니다. 음악을 들으면서 공부하면 재
> 미있게 공부할 수 있습니다. 재미있게 공부하니까 한국어 실력도 많이 늘
> 었습니다.

① 한국어 공부는 어렵습니다.

② 공부는 재미있게 해야 합니다.

③ 한국 음악을 들으면 재미있습니다.

④ 공부를 잘 하려면 음악을 들어야 합니다.

48. (2점)

> 저는 친구와 같이 삽니다. 친구는 한국어를 잘 못합니다. 그래서 항상
> 제가 물건을 사거나 장을 봅니다. 가끔 힘들 때가 있습니다.

① 친구가 주로 물건을 삽니다.

② 친구는 한국어를 잘 합니다.

③ 저는 장 보는 것을 좋아합니다.

④ 저는 친구 때문에 가끔 힘듭니다.

※ **[49-50] 다음을 읽고 물음에 답하십시오. (각 2점)**

> 제주 시티투어버스를 들어본 적이 있습니까? 제주 시티투어버스를 타면 제주도 곳곳을 구경할 수 있습니다. 특히 내리고 싶은 곳에서 내려서 (㉠) 재미있게 여행을 할 수 있을 것입니다. 제주도에 여행 가면 제주 시티투어버스를 타 보세요.

49. ㉠에 들어갈 알맞은 말을 고르십시오.
① 구경하려고
② 구경하는데
③ 구경한 후에
④ 구경할 수 있어서

50. 이 글의 내용과 같은 것을 고르십시오.
① 시티투어버스를 타면 제주도에 갈 수 있습니다.
② 시티투어버스로 제주도 여행을 할 수 있습니다.
③ 시티투어버스는 타고 싶은 곳에서 탈 수 있습니다.
④ 시티투어버스를 타면 차 안에서만 구경할 수 있습니다.

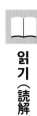

第３回模擬試験

읽기 (読解)

> 　외국인들이 한국에서 김치 만들기나 K-pop 댄스 배우기 등 여러 가지 한국 문화를 체험할 수 있는 곳이 있습니다. 벌써 많은 외국인들이 이곳에서 (㉠) 한국 문화를 체험했습니다. 이곳의 체험 프로그램은 누구나 할 수 있고 무료입니다. 체험을 하고 싶은 사람은 홈페이지에서 신청을 하면 됩니다.

51. ㉠에 들어갈 알맞은 말을 고르십시오. (3점)

① 다양한　　　　　　　　② 답답한
③ 신선한　　　　　　　　④ 복잡한

52. 무엇에 대한 이야기인지 맞는 것을 고르십시오. (2점)

① 한국 문화 소개
② 한국 문화의 종류 소개
③ 한국 문화 프로그램 소개
④ 한국 문화 체험 방법 소개

※ **[53-54] 다음을 읽고 물음에 답하십시오.**

저는 사진 찍는 것을 좋아합니다. 하지만 사진을 잘 찍지는 못합니다. 그래서 사진 동아리에 가입했습니다. 사진 동아리에 가면 선배들에게 사진 찍는 것을 배울 수 있습니다. 이번 주 토요일에는 동아리 친구들과 같이 한강에서 사진을 (㉠).

---

53. ㉠에 들어갈 알맞은 말을 고르십시오. (2점)
    ① 찍으면 됩니다   ② 찍고 싶습니다
    ③ 찍으려고 합니다   ④ 찍을 수 있습니다

54. 이 글의 내용과 같은 것을 고르십시오. (3점)
    ① 제 취미는 사진 찍는 것입니다.
    ② 저는 동아리에 가입할 계획입니다.
    ③ 사진을 찍어서 동아리 친구들과 같이 봅니다.
    ④ 동아리에 가입하려면 사진을 잘 찍어야 합니다.

읽기 (読解)

한복은 한국의 전통 옷으로 설이나 추석 같은 명절에 주로 입습니다. 하지만 내년부터 한복을 교복으로 입는 학교가 생깁니다. 사람들은 한복을 교복으로 입으면 불편할 것이라고 생각하지만 한복 교복은 학생들이 생활할 때 불편하지 않게 만들었습니다. (㉠) 현재 여학생 교복은 치마만 있지만 한복 교복은 치마와 바지 중에서 선택할 수 있습니다.

55. ㉠에 들어갈 알맞은 말을 고르십시오. (2점)
   ① 그래서   ② 그리고
   ③ 그런데   ④ 그러니까

56. 이 글의 내용과 같은 것을 고르십시오. (3점)
   ① 한복은 명절에만 입습니다.
   ② 한복을 입으면 불편하지 않습니다.
   ③ 여학생의 한복 교복은 치마만 있습니다.
   ④ 한복을 교복으로 입는 학교가 생길 겁니다.

57. (3점)

> (가) 추석과 설날은 한국의 큰 명절입니다.
>
> (나) 이렇게 한국은 명절마다 먹는 음식이 다릅니다.
>
> (다) 설날은 음력 1월 1일로 아침에 떡국을 먹습니다.
>
> (라) 추석은 음력 8월 15일로 송편을 만들어서 먹습니다.

① (가)-(나)-(다)-(라)　　② (가)-(다)-(라)-(나)

③ (다)-(나)-(라)-(가)　　④ (다)-(라)-(나)-(가)

58. (2점)

> (가) 오늘은 부동산에 갔습니다.
>
> (나) 두 달 후에 집 계약이 끝나기 때문입니다.
>
> (다) 그리고 월세는 비싸지 않으면 좋겠습니다.
>
> (라) 이번에는 깨끗하고 조용한 집을 구하고 싶습니다.

① (가)-(나)-(다)-(라)　　② (가)-(나)-(라)-(다)

③ (라)-(나)-(가)-(다)　　④ (라)-(나)-(다)-(가)

※ **[59~60] 다음을 읽고 물음에 답하십시오.**

　요즘 커피숍의 분위기가 달라지고 있습니다. (　㉠　) 예전에는 커피숍에 커피를 마시거나 친구를 만나러 많이 갔습니다. (　㉡　) 하지만 요즘은 혼자 책을 읽거나 공부를 하러 가는 사람들이 많습니다. (　㉢　) 혼자 앉을 수 있는 자리, 노트북을 사용할 수 있는 자리, 같이 모여서 공부를 할 수 있는 자리가 생겼습니다. (　㉣　)

---

59. 다음 문장이 들어갈 곳을 고르십시오. (2점)

> 그래서 커피숍의 자리도 많이 바뀌었습니다.

① ㉠　　　　② ㉡　　　　③ ㉢　　　　④ ㉣

60. 이 글의 내용과 같은 것을 고르십시오. (3점)

① 커피숍에 혼자 가는 사람은 없습니다.
② 커피숍은 커피만 마시러 가는 곳입니다.
③ 커피숍에서 노트북으로 공부할 수 있습니다.
④ 커피숍의 분위기와 자리는 예전과 비슷합니다.

※ **[61 ~ 62] 다음을 읽고 물음에 답하십시오. (각 2점)**

> 　최근 전통 시장에 관광객이 많아지고 있습니다. 그중에서 통인시장이 많
> 은 외국인에게 (　㉠　) 있습니다. 그 이유는 바로 '도시락' 때문입니다. 통
> 인시장에서는 한국의 옛날 돈으로 여러 가지 반찬을 사서 나만의 도시락을
> 만들 수 있습니다. 이렇게 한국의 다양한 음식을 즐길 수 있는 통인시장의
> '도시락' 은 외국인들에게 인기 있는 관광 상품이 되었습니다.

61. ㉠에 들어갈 알맞은 말을 고르십시오.
　　① 도움을 받고　　　　　② 걱정이 되고
　　③ 사랑을 받고　　　　　④ 능력이 있고

62. 이 글의 내용과 같은 것을 고르십시오.
　　① 한국에는 전통 시장이 많습니다.
　　② 한국은 아직 옛날 돈을 사용합니다.
　　③ 외국인들은 시장에서 음식을 만들 수 있습니다.
　　④ 시장에서 다양한 한국 음식을 먹을 수 있습니다.

읽기 (読解)

※ **[63~64] 다음을 읽고 물음에 답하십시오.**

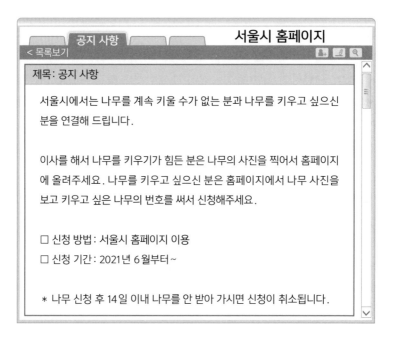

서울시 홈페이지

공지 사항

< 목록보기

제목: 공지 사항

서울시에서는 나무를 계속 키울 수가 없는 분과 나무를 키우고 싶으신 분을 연결해 드립니다.

이사를 해서 나무를 키우기가 힘든 분은 나무의 사진을 찍어서 홈페이지에 올려주세요. 나무를 키우고 싶으신 분은 홈페이지에서 나무 사진을 보고 키우고 싶은 나무의 번호를 써서 신청해주세요.

□ 신청 방법: 서울시 홈페이지 이용
□ 신청 기간: 2021년 6월부터~

* 나무 신청 후 14일 이내 나무를 안 받아 가시면 신청이 취소됩니다.

63. 왜 이 글을 썼는지 맞는 것을 고르십시오. (2점)
　① 나무 심기 행사를 열기 위해서
　② 나무 사진을 보여 주기 위해서
　③ 나무 키우는 방법을 소개하기 위해서
　④ 나무를 나누는 방법을 알려 주기 위해서

64. 이 글의 내용과 같은 것을 고르십시오. (3점)
　① 서울시에서 나무를 사서 시민들에게 나눠줍니다.
　② 나무 신청 후 2주 안에 나무를 받아가야 합니다.
　③ 나무를 키우고 싶은 사람은 직접 나무를 보고 신청합니다.
　④ 나무를 키울 수 없는 사람은 서울시에 나무를 주면 됩니다.

※ **[65-66] 다음을 읽고 물음에 답하십시오.**

> 운동이나 좋은 식사 습관은 노인들의 건강에 좋습니다. 하지만 이것보다 더 중요한 것이 있습니다. 바로 '말하기'입니다. 특히 65세 이상의 노인에게 그렇습니다. 노인들은 혼자 있는 시간이 많아 외롭습니다. 이럴 때 자주 친한 사람들과 대화를 해야 합니다. (㉠) 메시지보다는 직접 만나서 이야기를 하는 것이 건강에 도움이 됩니다.

65. ㉠에 들어갈 알맞은 말을 고르십시오. (2점)
① 전화나   ② 전화만
③ 전화밖에   ④ 전화 때문에

66. 이 글의 내용과 같은 것을 고르십시오. (3점)
① 노인들은 말하기 연습이 필요합니다.
② 노인들은 혼자 있는 것을 좋아합니다.
③ 노인들은 메시지를 자주 보내야 합니다.
④ 노인 건강에 말하기는 매우 중요합니다.

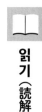

第3回模擬試験

읽기 (読解)

저는 지금 일 때문에 한국에 온 지 6개월 되었습니다. 한국에 있기 때문에 고향이 더욱 그립습니다. 이곳은 지금 봄이라서 꽃구경을 하는 가족을 볼 때마다 고향에 있는 (㉠). 고향에 가면 부모님과 친구들을 만나서 함께 시간을 보낼 것입니다. 빨리 일을 끝내고 고향에 돌아가기만을 기다리고 있습니다.

---

67. ㉠에 들어갈 알맞은 말을 고르십시오.
   ① 가족이 슬픕니다
   ② 회사 걱정이 됩니다
   ③ 친구들에게 미안합니다
   ④ 가족 생각이 더 많이 납니다

68. 이 글의 내용과 같은 것을 고르십시오.
   ① 제 고향은 지금 봄입니다.
   ② 저는 한국에 오래 있고 싶습니다.
   ③ 저는 고향에 돌아가서 친구를 만났습니다.
   ④ 저는 고향을 떠난 지 반 년 정도 됐습니다.

우리는 영화를 볼 때 보통 극장에 갑니다. 집에서도 영화는 볼 수 있지만 큰 화면으로 봐야 더 재미있기 때문입니다. 그런데 극장에 가면 옆에서 음료수나 팝콘을 먹는 사람들이 많습니다. 그래서 영화를 볼 때 (㉠). 하지만 자동차 극장은 자동차 안에서 보기 때문에 조용히 영화를 볼 수 있어서 좋습니다.

69. ㉠에 들어갈 알맞은 말을 고르십시오.
   ① 앞자리에 앉습니다
   ② 음식을 먹어야 합니다
   ③ 시끄러울 때가 있습니다
   ④ 즐겁게 이야기할 수 있습니다

70. 이 글의 내용으로 알 수 있는 것을 고르십시오.
   ① 영화를 보려면 극장에 가야 합니다.
   ② 영화를 볼 때 음식을 먹으면 맛있습니다.
   ③ 극장보다 자동차 극장이 영화보기 좋습니다.
   ④ 자동차를 타고 극장에 가는 사람들이 많습니다.

第3回模擬試験

읽기(読解)

第　　回　模擬試験　解答用紙

Date: _____

Name: _____

番号	解答欄	配点	番号	解答欄	配点	番号	解答欄	配点	番号	解答欄	配点
1	①②③④		21	①②③④		41	①②③④		61	①②③④	
2	①②③④		22	①②③④		42	①②③④		62	①②③④	
3	①②③④		23	①②③④		43	①②③④		63	①②③④	
4	①②③④		24	①②③④		44	①②③④		64	①②③④	
5	①②③④		25	①②③④		45	①②③④		65	①②③④	
6	①②③④		26	①②③④		46	①②③④		66	①②③④	
7	①②③④		27	①②③④		47	①②③④		67	①②③④	
8	①②③④		28	①②③④		48	①②③④		68	①②③④	
9	①②③④		29	①②③④		49	①②③④		69	①②③④	
10	①②③④		30	①②③④		50	①②③④		70	①②③④	
11	①②③④		31	①②③④		51	①②③④				
12	①②③④		32	①②③④		52	①②③④				
13	①②③④		33	①②③④		53	①②③④				
14	①②③④		34	①②③④		54	①②③④				
15	①②③④		35	①②③④		55	①②③④				
16	①②③④		36	①②③④		56	①②③④				
17	①②③④		37	①②③④		57	①②③④				
18	①②③④		38	①②③④		58	①②③④				
19	①②③④		39	①②③④		59	①②③④				
20	①②③④		40	①②③④		60	①②③④				

／200

第　　回　模擬試験　解答用紙

Date: _____

Name: _____

番号	解答欄	配点	番号	解答欄	配点	番号	解答欄	配点	番号	解答欄	配点
1	①②③④		21	①②③④		41	①②③④		61	①②③④	
2	①②③④		22	①②③④		42	①②③④		62	①②③④	
3	①②③④		23	①②③④		43	①②③④		63	①②③④	
4	①②③④		24	①②③④		44	①②③④		64	①②③④	
5	①②③④		25	①②③④		45	①②③④		65	①②③④	
6	①②③④		26	①②③④		46	①②③④		66	①②③④	
7	①②③④		27	①②③④		47	①②③④		67	①②③④	
8	①②③④		28	①②③④		48	①②③④		68	①②③④	
9	①②③④		29	①②③④		49	①②③④		69	①②③④	
10	①②③④		30	①②③④		50	①②③④		70	①②③④	
11	①②③④		31	①②③④		51	①②③④				
12	①②③④		32	①②③④		52	①②③④				
13	①②③④		33	①②③④		53	①②③④				
14	①②③④		34	①②③④		54	①②③④				
15	①②③④		35	①②③④		55	①②③④				
16	①②③④		36	①②③④		56	①②③④				
17	①②③④		37	①②③④		57	①②③④				
18	①②③④		38	①②③④		58	①②③④				
19	①②③④		39	①②③④		59	①②③④				
20	①②③④		40	①②③④		60	①②③④			／200